世界五千年
科技故事丛书

卢嘉锡题

世界五千年科技故事丛书

氢弹之父

贝采里乌斯

丛书主编　管成学　赵骥民

编著　刘学铭　安素荣　刘自强

吉林出版集团 | 吉林科学技术出版社

图书在版编目（CIP）数据

氢弹之父——贝采里乌斯 / 管成学，赵骥民主编.
-- 长春：吉林科学技术出版社，2012.10（2022.1重印）
ISBN 978-7-5384-6117-6

Ⅰ.① 氢… Ⅱ.① 管… ② 赵… Ⅲ.① 贝采里乌斯，
J.J.（1779～1848）-生平事迹-通俗读物 Ⅳ.① K835.326.13-49

中国版本图书馆CIP数据核字（2012）第156334号

氢弹之父——贝采里乌斯

主　　编	管成学　赵骥民
出 版 人	宛　霞
选题策划	张瑛琳
责任编辑	万田继
封面设计	新华智品
制　　版	长春美印图文设计有限公司
开　　本	640mm×960mm　1／16
字　　数	100千字
印　　张	7.5
版　　次	2012年10月第1版
印　　次	2022年1月第4次印刷

出　　版	吉林出版集团 吉林科学技术出版社
发　　行	吉林科学技术出版社
地　　址	长春市净月区福祉大路5788号
邮　　编	130118
发行部电话／传真	0431-81629529　81629530　81629531 81629532　81629533　81629534
储运部电话	0431-86059116
编辑部电话	0431-81629518
网　　址	www.jlstp.net
印　　刷	北京一鑫印务有限责任公司

书　　号	ISBN 978-7-5384-6117-6
定　　价	33.00元

序 言

十一届全国人大副委员长、中国科学院前院长、两院院士

路甬祥

　　放眼21世纪，科学技术将以无法想象的速度迅猛发展，知识经济将全面崛起，国际竞争与合作将出现前所未有的激烈和广泛局面。在严峻的挑战面前，中华民族靠什么屹立于世界民族之林？靠人才，靠德、智、体、能、美全面发展的一代新人。今天的中小学生届时将要肩负起民族强盛的历史使命。为此，我们的知识界、出版界都应责无旁贷地多为他们提供丰富的精神养料。现在，一套大型的向广大青少年传播世界科学技术史知识的科普读物《世

界五千年科技故事丛书》出版面世了。

由中国科学院自然科学研究所、清华大学科技史暨古文献研究所、中国中医研究院医史文献研究所和温州师范学院、吉林省科普作家协会的同志们共同撰写的这套丛书，以世界五千年科学技术史为经，以各时代杰出的科技精英的科技创新活动作纬，勾画了世界科技发展的生动图景。作者着力于科学性与可读性相结合，思想性与趣味性相结合，历史性与时代性相结合，通过故事来讲述科学发现的真实历史条件和科学工作的艰苦性。本书中介绍了科学家们独立思考、敢于怀疑、勇于创新、百折不挠、求真务实的科学精神和他们在工作生活中宝贵的协作、友爱、宽容的人文精神。使青少年读者从科学家的故事中感受科学大师们的智慧、科学的思维方法和实验方法，受到有益的思想启迪。从有关人类重大科技活动的故事中，引起对人类社会发展重大问题的密切关注，全面地理解科学，树立正确的科学观，在知识经济时代理智地对待科学、对待社会、对待人生。阅读这套丛书是对课本的很好补充，是进行素质教育的理想读物。

读史使人明智。在历史的长河中，中华民族曾经创造了灿烂的科技文明，明代以前我国的科技一直处于世界领先地位，涌现出张衡、张仲景、祖冲之、僧一行、沈括、郭守敬、李时珍、徐光启、宋应星这样一批具有世界影响的科学家，而在近现代，中国具有世界级影响的科学家并不多，与我们这个有着13亿人口的泱泱大国并不相称，与世界先进科技水平相比较，在总体上我国的科技水平还存在着较大差距。当今世界各国都把科学技术视为推动社会发展的巨大动力，把培养科技创新人才当做提高创新能力的战略方针。我国也不失时机地确立了科技兴国战略，确立了全面实施素质教育，提高全民素质，培养适应21世纪需要的创新人才的战略决策。党的十六大又提出要形成全民学习、终身学习的学习型社会，形成比较完善的科技和文化创新体系。要全面建设小康社会，加快推进社会主义现代化建设，我们需要一代具有创新精神的人才，需要更多更伟大的科学家和工程技术人才。我真诚地希望这套丛书能激发青少年爱祖国、爱科学的热情，树立起献身科技事业的信念，努力拼搏，勇攀高峰，争当新世纪的优秀科技创新人才。

目　录

童年的磨难/011

人生的定向/022

命运的转机/036

原子论的信徒/044

雾锁伦敦/059

誉满巴黎/075

拜会歌德/085

名师高徒/099

北方之星/113

童年的磨难

任何人都没有理由忽视时间的神奇魔力，它的无限延展性使之成为包容一切历史奇迹的载体，它能使显赫一时的王朝一朝覆灭，它能使蛮荒部落勃然崛起，它能使昔日繁华场所悄然落没，它能使穷乡僻壤出现举世惊叹的奇迹。

这一切兴衰变化，无不与人有关。任何一个历史人物的出现，都会在一定程度上改变他赖以生存的时空的色调和性质。

1779年8月20日，在瑞典首都斯德哥尔摩西南大约有161千米左右，一个坐落在波罗的海和维特恩湖之间被称为林彻平的乡镇里，一位小学校长的家庭中诞生一个小男孩。他叫琼斯·雅科布·贝采里乌斯（Jons Jacob Perzelius）。他是一个生就一张圆圆的苹果脸和一双和善的大眼睛的孩子。他活泼、聪明、伶俐。

可是，对这样一个可爱的孩子，命运之神不但没另眼看待，反而好像有意让他承受足够的磨难教育似的，从他记事时起，厄运便接踵而至。

他对生父的印象很淡薄，只依稀记得，他脸色蜡黄，行动很迟缓，说话细声细气的，声音略带沙哑，说话时有些气喘，不断被咳嗽声打断。

初秋的一天夜里，雅科布被一阵哭声惊醒。哭声是从父母的卧室传出来的。他从床上爬起来，看见神父从屋里出来，心里明白发生了什么事。因为入秋以来，父亲的肺病就加重了，夜里常咯血。

从墓地回家的路上，4岁的小雅科布好像突然长大了。他紧握着妈妈冰凉的手指，听着她嘤嘤哭泣，心里十分难过，暗想："从现在起，我就是个大孩子啦，应该替母亲分担忧虑，照顾好小妹妹……"

他擦擦眼泪，用小男子汉的腔调说：

"妈，您别哭了，爸爸虽然走了，但是，您并不孤单，您还有我和妹妹呢，我长大了……"

听了孩子这番懂事的话，做妈妈的把幼小的儿子紧紧地搂在怀里，哭得更伤心了：

　　"我的懂事的孩子呀，你哪里长大了？你才4岁呀！不过，妈妈今后真得靠你啦！"

　　雅科布的爸爸一生清贫，死后并没给家庭留下什么财产，致使孤儿寡母苦度了一年的艰难生活后，再也维持不下去了。

　　有一天，雅科布带着妹妹从湖边草地玩耍归来，一进家门，就见一位身穿长袍的牧师从屋里出来。那人身材高大，略微发胖，脸上总带着笑容，给人一种亲切感。这人名叫艾克马克，是负责管理邻街诺克为教区的一位牧师。

　　近半年来，艾克马克常到他家来，每次来都给他家带些面包和日常生活用品。尤其使雅科布难忘的是，在他生日那天，他收到牧师送给他的一本童话故事书和一个金丝鸟的笼子。

　　这几件生日礼物，雅科布视为珍宝，因为他爱读书也爱养鸟。虽然他在金丝鸟笼子里只养了一只护林人送给他的黄雀，但是，每当他看见鸟笼及黄雀时，他心头就感到一阵温暖：他实在需要父爱了。无论是那位学识渊博的牧师，还是那位狩猎经验丰富的护林人，只要他们把温暖而

有力的大手，抚在他的肩膀或头顶上时，他真想开口叫他
一声"爸爸"。

可是，当母亲同他正式商量要嫁给艾克马克牧师时，
雅科布却沉默了。半晌，孩子向母亲提出一连串他深切关
心的问题：

"他是不是也住在咱们现在这个家？"

"那可不能，他在邻街教区有房子。"

"这就是说，咱们得住在他那个家，是吗？"

"是的，他的家比咱们这个家更宽敞。"

"那么，咱们家怎么办？"

做妈妈的从孩子严肃的表情和郑重的语调，看得出她
离开这个家门走进另一个家门，给年幼的孩子造成多么大
的精神负担，增添多少烦恼，甚至造成多大的心灵创伤。
想到这儿，她鼻子一酸，呜咽起来了，边哭边说：

"孩子，妈也不愿离开这个家呀，你爸爸死了，咱家
太穷了，这日子实在没法过下去了……"

"妈，别哭啦，我没反对你嫁给牧师叔叔哇，我只
是，我只是……"孩子一时间心头涌上一股无法形容的委
屈，竟"哇"的一声哭了。

孩子一哭，母亲变得沉静了，轮到她来安慰儿子了：

"房子，我已经做了安排，准备卖给咱们的邻居。"

　　"园子里的樱桃树别让他们砍掉，那是我和妹妹栽活的。"雅科布听说，把房子卖给邻居，多少有点放心，随即提出了一个要求。

　　"那可以，我可以同他们讲，让他们尽量保持原样，将来你要想回来看看时，随时都可以……"

　　毕竟是孩子，总是好哄的，最后提出个纯粹孩子式的要求：

　　"我可以把黄雀带到艾克马克先生的家吗？"

　　"那当然，他很喜欢你，他对你的爱好是不会反对的。"

　　就这样，母亲改嫁了，把他和妹妹带到艾克马克家。牧师前妻曾留下二男三女。这些孩子与雅科布兄妹相处得十分融洽，整个家庭沉浸在和谐幸福的气氛之中。可是好景不长，这幸福生活只过了两年，雅科布的生母又患了急症故去了。从此，年仅8岁的雅科布便成了一个痛失双亲的孤儿。

　　幸亏继父艾克马克牧师以及他前妻留下的那些子女，都对雅科布兄妹非常好，使他们很快忘却丧失生母的悲伤，在和谐的大家庭里享受人世间的亲情和温暖。

尤其是艾克马克，他不仅是一位心地善良、品德高尚的牧师，而且还是一位教子有方的慈父。

他善于创造一种诱人的学术氛围，把七八个孩子吸引到一起，以他那独特的、有趣的方法，向他们传授普通教育的知识，着重向他们灌输有关自然科学方面的知识。

在风和日丽的天气里，艾克马克牧师经常率领众子女到野外去郊游，让孩子们去领略自然风光，观赏花草和昆虫，陶冶热爱自然的性情和观察自然的性情。遇到刮风下雨的天气，艾克马克牧师就改变教学方式，把教育子女的课堂，由野外转移到家里。他引导他们学习博物学知识，并想方设法激发他们的好奇心和探究学问的兴趣。

在所有的孩子中，雅科布头脑最聪明，学习最专注，思想最活跃，有时提出的问题，让牧师惊叹不已，他预感这个孩子将来必成大器。

又是一个风和日丽的天气，艾克马克却没有率众子女郊游，只领雅科布一个人在湖边漫步。这一天，牧师一反常态，不再像往常说说笑笑，成为群体的欢乐中心，而是显得有些沉默寡言，心事重重。

"孩子，咱们在一起生活4年多了吧？"牧师终于开口了。

"不，5年多了。"雅科布纠正道，悄悄地瞧了继父一眼，估计这肯定不是一般的谈话。

"哦，对，你已经11岁了，"牧师停住了脚步，认真地打量着他，仿佛他瘦小的身材，使做继父的突然感到怜悯，动摇了他已经下定的决心："咳，你还这么小，才11岁呀！"

雅科布是个非常懂事的孩子，早就看出继父有心事，而且是难以启齿的事。

"爸爸，有什么话您就说吧，我能为您做点什么吗？"

"孩子，你这么小，爸爸真感到为难哪！"牧师的眼睛湿润了。

"说吧，爸爸，我不仅是你的儿子，还是你的朋友呢！"雅科布以小大人儿的口吻说，"我会尽力帮助你的。"

"好孩子，有你这话，爸爸就敢说了。"牧师紧搂着雅科布的肩膀，说道："爸爸又要结婚了。"

雅科布闻听心头一颤，近些日子他听说继父跟一个女人经常来往，但不知这么快就要结婚了。他虽然年龄很小，但也能估计到继父的结婚将会给他带来什么后果。至少他不会像过去那样，把全部业余时间用在子女的教育方面，再不会领他去野外郊游，在家里为他们讲授科学问题……但是，他能反对继父的婚事吗？像继父这么好的人的幸福，谁会忍心去阻挠和破坏呢？

"爸爸，您还很年轻，您应该结婚，不要总考虑我们，您对我们已经尽到了做父亲的责任了。有哪家的父亲能像您那样关心我们的教育呢？您不仅是我们的好父亲，也是我们的好老师，为了您的幸福，我肯做任何事！"

"好孩子，我的好儿子！"牧师激动得手臂颤抖着，"爸爸真怕对不起你呀！"

雅科布心头又是一颤，感到事情的后果比他先前估计的还要严重。

"那是一个不肯容人的女人，但是，爸爸爱她。"牧师说话有些迟疑，"所以，爸爸想同你商量，你和妹妹能不能到……"

"我明白了，爸爸，"雅科布的脸涨得通红，竭力地克制着自己的情绪，不让眼里挂上泪花，不让嘴中喘出粗气，心里说："继父不要我们了，把我们赶出家门了！"

"我已同你舅舅取得了联系，他很欢迎你和你妹妹到他家去。"继父轻轻地咳嗽了一声，极力地克制住内心的痛苦，接着说："你的其他的兄弟妹妹，我是说，你的异父母的兄弟姐妹，我都做了相应的安排。"

"好吧，爸爸，我听从您的安排。"雅科布忍住内心的悲痛，说道："您是我们的好爸爸，为了您的幸福，我们干什么都可以！"

"谢谢，谢谢您，我的好儿子！"继父一面擦着眼泪一面动情地说，"同你分别，爸爸心里实在很难过呀！也许你能看得出，在所有的孩子中，我对你抱的期望最大，因为你的天分最高，学习也最用功，只要坚持努力，我想你一定能步林耐和卡尔道希等大学者的后尘的！"

"谢谢您，爸爸！我一定不辜负您的关怀和期望，我会努力的。"

不久，雅科布就离开了艾克马克家寄居于舅舅门下。他绝没有想到，此一行意味着，他幸福的童年岁月彻底地完结，从此陷入他一生都不堪回首的逆境之中。

雅科布的舅舅是一位和蔼可亲的人，对于他兄妹俩很关心。可是他那嗜酒如命的舅母和她的7个孩子，却把他们看做累赘而横加虐待。

他领着妹妹在舅舅家忍气吞声地过了3年。14岁那年，他升入林彻中学。由于他长期拖欠学费，每天进校门都是提心吊胆，生怕学校当局哪一天动怒把他逐出校门。

一天，他硬着头皮和舅舅商量学费问题。话还没说上几句，坐在一旁饮酒的舅母，"哗"的一声，把酒杯、酒瓶以及盛菜的碟碗都打翻在地，她借着几分酒意，披头散发地连摔带骂："这个家没法过啦，十多张嘴要吃，要喝，都得大人们去张罗。你还要钱，你是不是逼你舅舅当强盗，去抢银行，逼你舅妈当妓女，去卖淫……"

雅科布被骂得狗血喷头，一声不吭地蹲下身去，收拾那狼藉满地的杯碟碎片和残羹废液。就在这时候，他的几位表兄弟从隔壁的房间里冲出来，一个个如狼似虎，不容分说揪住他的头发，把他从地上拖起来连踢带打。

"住手，你们这群混账的东西！"舅舅一声呵斥，挥舞着拳头，把肇事者们打散。

雅科布虽然被打得眼眶发青，嘴角流血，但他没哭，两眼通红，闪烁着两道异样的火花，两颊煞白，肌肉微微颤抖，气喘吁吁地说：

"别生气，别为难，舅舅！您对外甥已经尽力了。我长大了，该走自己的路了！"

第二天，他毅然地办了休学手续，然后打点简陋的行装，走上了通往乡间的道路。

这天傍晚，他来到一个庄园门前。由于赶了一天路，他又饥又渴，又困又乏。

"老爷，请您帮帮忙！"雅科布对门前的一个中年绅士央求道。

"什么事？没吃饭吗？"那人不冷不热地问道，并上下打量着他。

"当然……不过……我想找点工作。"

"你？找工作？"那人再一次认真地打量着他，似乎对方瘦小的身材，使他感到这种要求很不切合实际，"你能做什么？"

"我是个中学生，可以做家庭教师。此外，我还能干零活儿，更主要的，我能吃苦，什么苦都能吃……"

孩子诚恳、坚定的态度打动了主人。就这样，他成了这个富裕家庭的打杂的零工和家庭教师。一年后，他筹措了一笔学费，又回到学校复学。经过一年社会生活锻炼的雅科布，一下子长大了不少，经过砍柴和割草等体力劳动的锻炼，他瘦弱的身体变得结实了、健康了，更重要的是，磨炼了他独立谋生、勇敢地走向生活的意志。

这一年他才16岁，已经开始考虑自己事业和前途的大事了。

人生的定向

雅科中学毕业后，进入了乌普拉萨拉大学的医学院，开始学习医学。

在事关人生定向的专业选择的重大问题上，雅科布是经过一番慎重考虑的。本来他所在的乡镇一向是以做牧师为荣的。他家也有几位做牧师的先人，他父亲先前做过小学校长，后来又做了牧师。受家乡和家庭习俗的影响，他一直把继承祖业，当一名牧师视为自己的前途。

但是，雅科布是个处事稳重、善于独立思考的青年。在中学读书期间，自己的志趣在自然科学方面，他适合于学自然科学，而自然科学对于从事牧师这种职业又没有直接的用途。经过再三考虑，他毅然改变了原来的志向，决心学医。

可是，人生的目标好像猎手枪筒上的准星，往往通过多次调整才能定位。正如后文中将会谈到的，学医并不是他人生的最佳选择。他突然发现自己被一个奇幻的知识领域——化学所深深吸引住了。

19岁那年的一天晚上，雅科布正在大学图书馆里画人体解剖图，无意中他向新到的期刊书架扫视了一眼，一本装潢精美的以花体的德文字母书写刊名的化学杂志引起了他的注意。他信手从书架上拿过那本期刊。他本想浏览一下再放回去，不料他翻开几页就爱不释手了。

从此，他便同化学结下了深厚的不解之缘，他一面继续完成医学院规定的各门课程，一面又挤出时间猎取化学知识。这时，意大利的科学家伏特刚公布他新发明的研究成果——伏特电池，引起了雅科布的极大兴趣，于是又自学了不少电学知识。

一颗被知识燃烧着的青年人的心，闪烁着各种朦胧的发明的设想和大胆试验的渴望：他想走进实验室，做一些验证自己的奇妙想象的实验。

一天，他拉着兄弟斯文胆战心惊地向约翰·阿夫采利乌斯教授书房走去。

兄弟俩走过一段光线昏暗的走廊，当出现在主人的门前时，放轻了脚步，心脏跳动声却骤然加重。他们悄声推诿着该由谁去敲门。

他们终于敲开房门，闯入教授的，被书橱包围的书房。

"教授，突然来打搅您，有事相求。"一个学生很有礼貌地说，声音很低但喘着粗气。"这得从头说起。"

"好的，你们请坐，请慢慢讲。"教授放下手中的鹅翎笔，说道。

"我叫琼斯·雅科布·贝采利乌斯，这是我的弟弟斯文。我们是医学院二年级的学生。"

"你们是想……"教授急于想了解两个胆怯的学生的真正意图。

"我们想到您的实验室做实验！"斯文鼓足勇气说。

雅科布悄悄地扯了一下弟弟的衣襟，觉得他这么讲话，既没礼貌又不妥当。

于是他用简洁的语言讲述了自己贫寒的身世，然后话锋一转，说出对教授的请求，他说：

"进了大学后，我才懂得，除了医学而外，还有一个庞大的知识世界呢。尤其是化学，使我们特别感兴趣。我系统地阅读过克利斯托夫·吉尔坦纳编写的《反燃素化学基础原理》，我还研究了伏特发明的电池以及相关的电学知识。我们到您这儿来，是请求您允许我们在您的实验室里做一些化学实验……"

学生的陈述停止了，教授也沉默了。

学生忐忑不安地等待着，担心教授会拒绝；教授心潮起伏，回忆着青年时代渴望求学的情景。

"好吧，我可以满足你们的要求。"教授说道，"我的实验室是永远对热爱化学的青年开放的。请把这张条子交给管理员尼尔逊，就可以来做实验了。"

雅科布和弟弟对教授的一番好意表示千恩万谢，然后兴高采烈地奔向实验室。

他们打算做两项实验。先对矿泉水进行全面分析，再研究气体一氧化氮。

第一项研究内容，他在医院里担当助手时曾经搞过，现在想用教授的实验室，把从前的分析结果再验证补充一下，然后把数据整理出来写成科学论文。

这项研究很快就顺利完成了。下步便对一氧化氮气体的研究。

氮和氧能生成一系列的氧化物，其中一氧化氮和二氧化氮最重要。一氧化氮是无色的气体，而二氧化氮是棕色的气体。

当铜与稀硝酸反应时，便得到无色的一氧化氮气体。这项早已写进中学化学教科书中的内容，就是当年雅科布兄弟二人研究和实验的内容之一。

用上述方法制得的一氧化氮常含有少量的二氧化氮，如果用排水集气法收集气体，二氧化氮可以溶解于水而被除去。

一氧化氮最突出的性质是，它极易被氧化成二氧化氮。此外，一氧化氮遇到硫酸亚铁的酸性溶液时，能生成一种非常醒目的棕色的环。

这种无色的气体简直就是一个变化多端的小精灵，把研究者引入神奇莫测的迷宫。

夜里，大学实验室静悄悄的，雅科布坐在实验台前埋头书写论文；斯文还在做实验，他将刚收集的一试管的一氧化氮气体，倒置于紫色的高锰酸钾的溶液中，忽然发现液面沿试管壁上升，同时紫色的高锰酸钾褪色了。

"哥哥，快来看哪！"斯文喊道，"又是一个，不，两个奇妙的现象！"

雅科布沉静地听完斯文有关新发现的讲述后，思考了片刻，说道："好，这个发现很重要，这又是一个反燃素的例证。"

为了理解"反燃素"的涵义，我们不能不简要地介绍一下，当时还在盛行但已露出破绽的燃素说。

燃素说的首倡者是德国医生兼化学家约翰·约阿西姆·贝歇尔（1635—1682）。

贝歇尔出生在德国的施派耶尔，幼年丧父，家境贫寒，就学于大学医科，曾担任过美因兹大学的医药学教授，也曾在英国研究过矿业。

他撰写著作10余种，其中最重要的著作是《土质物理学》。该书论述了天地的起源、动植矿等物质，尤其是燃烧的理论问题。

虽然燃烧早已是人们司空见惯的一种自然现象，但是，对它进行理论性分析探讨，还是始于17世纪中叶的医药学家贝歇尔。

贝歇尔提出，气、水和土是组成物质的三种元素，其中，气不能参与化学反应，水也只能表现为一种确定的性质，而土才是造成千差万别的物质的基本依据。

他认为，土有三种类型，即油状土、流质土和石状土。各种金属都是这三种土质依不同比例组成的。他又在此基础上，试图说明燃烧现象。

他认为，每种可燃性物质都是由两部分构成的，即燃烧时能放出的部分和剩余的部分。能放出的部分是油状土，剩下的部分便是不可燃的成分。实际上他是把物质的燃烧理解为物质的分解，这样，他便为燃素学说确定了基本框架，后来又由他的学生斯塔尔发展成比较系统的燃素说。

乔治·恩斯特·斯塔尔（1660—1734）出生于德国的安斯巴赫，毕业于耶鲁大学，曾任哈雷大学的医学和化学教授，长期从事教育工作，同时进行化学理论研究。

1702年，斯塔尔在他的老师贝歇尔的著作《土质物理学》再版时，为该书写了序言。在此序言中，他高度评价了著者在建构燃素学说方面所建树的功绩，并对老师燃素学说做了重要的补充。

他认为，贝歇尔所说的"油状土"并不是通常所说的"可燃性"，而是一种"实在物质"，即某种细微的气态物质，这是无重量的、难以察觉到的"油质元素"。他把这种元素命名为"燃素"。

他认为，一切可燃物均含有燃素，可燃物是由燃素和灰渣所构成的化合物，当可燃物燃烧时，便发生分解，释放出燃素，同时遗留下可见的灰渣。反之，如果燃素和灰渣再重新结合，又可得到原来的可燃物。

利用这种观点，不仅较成功地说明了一切燃烧现象，甚至还可以较好地解释所有的化学变化。例如，对金属进行煅烧时，则失散了燃素而遗留下灰渣；而当此灰渣同富有燃素的本炭共热，又还原为金属；当金属溶于酸时，则释放出燃素（氢气）而遗留下灰渣（盐类）；当生石灰（氧化钙）在空气中脱掉燃素后，遗留下灰渣石灰石（碳酸钙），而当此灰渣与炭共燃时，可吸收燃素而复生石灰，如此等等。在当时已发现的化学现象数量不多的情况下，这种理论似乎足以对这些现象做出一定的解释。尽管这些解释，在现代化学家看来，是相当幼稚、相当肤浅甚至是牵强附会和滑稽可笑的，但是，当时有这么一种理论，能将杂乱无章的化学现象，归拢到一种严整的系统中，是非常难能可贵的。

后人在任何情况下，都没有理由轻视和嘲笑先人理论的缺陷和幼稚，正像一个人没有理由嗤笑自己儿提时代的幼稚和无知一样。一个有教养的科学家，只能以严肃认真的态度和实事求是的科学精神，通过新的科学证据和理论，去补充或纠正先人的理论的不足和谬误。

拉瓦锡正是这样一位科学家，他提出的燃烧理论，与燃素说正好相悖，纠正了燃烧理论的谬误，因此被称为"反燃素学说"。然而，尽管燃素说与燃烧理论相比，显露出陈旧理论的拙劣，但它毕竟是统治整个化学界达一百年之久的权威性学说，它的热诚的维护者们又是化学界的权威。因此，拉瓦锡的"反燃素说"刚出现时，被视为离经叛道的邪说而遭到拒斥和抨击。

作为没有任何个人私欲和学术偏见的青年学生，雅科布以敏感的思维和洞察力发现，那行将就木的燃素说出现种种的破绽。因此，当他对弟弟在实验中又找到反燃素说的例证感到格外高兴。

雅科布对矿泉水分析的结果以及对一氧化氮研究成果，分别写成了学术论文，寄往瑞典科学院。

凡是向报纸杂志投过稿的人，大概都有过这样的体验：当稿件刚投入信筒时，心头充满了激动、喜悦和希望。可是时间拖长不见回音时，心头又充满了疑惑、灰心和焦虑，就像一个交过考卷的学生似的，起初还觉得自己答得不错，但是，越回忆检查越不放心，总疑神疑鬼地认为，这儿可能出错，那儿也可能出错儿，越追忆复查，越灰心丧气，临了下个颇为痛心的结论：没希望了，完啦！

雅科布却不是这样。他对自己的论文充满了信心，因为论文中的现象是真实的、数据是可靠的、观点是正确的。他认为，这样的论文不能发表，不仅是人世间的不公，而且也是科学史上的荒唐事！

可是，他的弟弟斯文可不像长兄那么沉得住气，等了一段时间，不见关于论文消息，便问哥哥说："咱们的论文怎么石沉大海了，连个信儿都没有。"

"你急什么呀，学术问题一向是严肃认真的。咱们的新发现，得允许人家认真的审查呀。"

"我倒担心他们对咱们这样无名小辈不予理睬，干脆找点借口，不对咱们的论文进行认真审查。"

"不管怎么说，咱们对矿泉水和一氧化氮的研究，都获得了圆满的结果。这是最主要的。接下来，我想，咱们最好研究电流的作用，特别是电流对有机体的作用。目前，还没有人搞这方面的研究工作。"

"好哇，这是很有意义的研究工作。"斯文赞同道。

"可是拿什么当电源呢？"

"咱们自己动手做一组铜锌电池，"雅科布说着从衣兜里掏出几枚铜币，往桌子上一放说："你看，做电池的铜极板有了，只缺锌极板了。"

"锌片由我去找吧！"斯文蛮有把握地说。这孩子是"拣破烂"的能手，平时做实验用的零星材料，往往都是他从废料堆中拣来的。后来他从维修房子的工人那里要了一块锌板。他们终于做成了铜锌原电池。

有了产生电流的装置以后，哥俩便着手做电流对青蛙和老鼠等小动物的作用实验，结果发现，电流对小动物有麻醉作用，严重的还能致使试验动物死亡。接着，他们又系统地研究了电流的化学作用。

1802年5月，雅科布大学毕业了。他经历了千辛万苦，总算完成了学业，心里自然感到喜悦和慰藉。然而，在他的人生道路上，充满了艰难和险阻。

他盼望已久的有关论文的消息终于传来了，瑞典科学院断然拒绝发表他寄去的全部论文。理由是他的论文带有明显的"反燃素化学"的观点，因为当时把持着瑞典科学院学术大权的是一群铁杆的"燃素说"的信徒和卫道士。雅科布离经叛道的学术观点，触犯了这些权威们，他的论文自然也就难以发表了。

不久，他去一个偏僻农村求职，走在半途中，他突然感到四肢无力、头晕目眩、口干舌燥，便到路旁水坑里喝了两口冷水，接着就发起高烧。这场大病使他欲求的职业也告吹了。

从这以后，有一段时间他没有正当的职业，在人生之路上彷徨着。为了改变经济上的拮据状态，为自由地潜心于化学研究打下经济基础，他着手搞了许多旨在挣钱的工作。比如，他组织通俗科学演讲会，试制人造矿泉水，开办酿醋业，兴建硫酸厂等，但是幸运之神始终不肯惠顾他，所有的想改变自己困境和命运的尝试都失败了，遗留下的是越来越重的负担、苦恼和失望。万般无奈，他又想去搞本行，于是开业行医，却没有患者前来就诊，他想从事教育，可是学校里又无空缺的教席。这一段时间，实在是处处不遂心，事事不如意，他的生活几乎面临绝境。

可是，命运之神并非永远与哪个人做对。他有时让你摔到泥坑里，只不过是对你搞个恶作剧，考验一下你的恒心，磨炼一下你的意志。凡是经得住考验和磨炼的人，总会从穷途末路的困境中，走向柳暗花明的佳境。

在雅科布命运处于低谷期，他并没有丧失改变命运的恒心和意志。不久，他到斯德哥尔摩医学外科学校去碰运气。

在一间宽敞幽暗的办公室里，校长比耶尔森博士接见了他。这是一位具有高傲的绅士派头和严肃的神父般矜持的学者，让人肃然起敬、敬而远之。

"我得坦诚地告诉你，先生，在这里，你的确有用武之地，对于一个学医的人来说，有许多工作可做，不过你得加倍努力。"校长沉吟片刻，问道，"你有维持生活的正常收入吗？"

"没有，我是靠着给人家补课读完大学的。"

"噢，"校长先生又沉默了。他这种慢吞吞的谈话方式，更加显现出他的威严和矜持。"这么说，为了能在这待下去，现在你还得找几个学生补课，我想你会明白我的意思的。"

"我明白，校长阁下，"雅科布知道在这所学校当助教，是只干工作不给报酬的，"只要能给我一份工作，我就感激不尽了。"

"嗯，好，"校长的语气变得稍微柔和些，"只要你尽心竭力地干，几年之后，你会得到有报酬的职务的！"

"谢谢您，校长阁下。"

"顺便问一句，你大概还没有住处吧？"

"是的，"雅科布答道。

"这样吧，我来帮你安排一下。"校长依然用他那冷漠平淡的语调说。看来这位心肠并不坏的先生，宁肯花大力气为他人干点实在的善事，也不肯在谈话的语气中施舍一点热情。"我想把你安排在威廉·希津格尔先生家里。他的住宅很大，那里的工作也很多。你不必付房租，只要帮他干点活就行了。他家很富有，在瑞典北部拥有一些矿产。他为人也很好，深受人们敬重。"

人生的命运，真像七月多变的天气，一会儿阴霾密布扬风洒雨，一会儿又风和日丽晴空万里。

自从雅科布走进斯德哥尔摩医学外科学校校门那一刻起，他的厄运就结束了，美好的前景便展现在眼前。在他走入锦绣前途的人生定向时，他应该首先感激两个人：一个是希津格尔，他是带领雅科布走进科学之门的向导；另一个是英国著名化学家道尔顿，他是带领雅科布攀登科学高峰的精神导师。

命运的转机

与希津格尔相识，是雅科布一生中的一大幸事。

这位热情洋溢、坦诚豪爽的富翁，与雅科布一见如故。他们似乎性情相投、志趣一致。雅科布穷困家庭出身，从不追求物质享受，却执迷于学术探索，希津格尔虽拥有巨大矿产、家资万贯，却不以物质财富为荣。他好动的天性和敏锐的洞察力，总是热衷于探索和发现事物。

这位矿场主不是把主要精力放在矿产的采掘和营销上，而是把大部分时间花在实验室里。

夜深了，在希津格尔先生住宅底层的实验室里，还亮着灯光。虽然夜风吹得门窗咯咯作响，但是，实验室里却异常的安静。

希津格尔手里拿着一块孔雀绿的美丽矿石，呆呆地思考着。半晌，他好像突然彻悟似地自言自语："不可能、不可能仅仅如此，一定还会有别的……"

"先生，您说什么？"在一旁做矿物分析实验的雅科布问道。

"我在想，这里边肯定还有别的什么新元素。"他似孩子般天真的目光望着自己新来的助手，问道，"你小时候玩过捉迷藏的游戏吗？"

"玩过。当我从房前或屋后把妹妹找出来时，我好像找到宝贝似的，高兴极了！"

"其实呀，你高兴的不是找到了宝贝，而是你找宝贝的好奇心得到满足，"希津格尔意味深长地说。

"先生，您对实验的兴趣，也是这样的吧？"

"是的，我做实验的目的不是从中找到什么值钱的东西，让我的财富锦上添花，而是满足我探索未知的好奇心和发现新事物的乐趣。如果有人问我想从研究中得到什么，我可以回答他，我想得到新发现给自己带来的荣誉……"

雅科布听罢，不禁对希津格尔肃然起敬。他们的追求是完全一致的，虽然他们的身份截然不同，自己一个受过完整大学教育的穷书生，而希津格尔是一个并未受过系统高等教育的大富翁。

"可是，先生，我让您失望了。我的实验结果总不理想，您所期望的新元素，总像一个小精灵似的同我们捉迷藏。"

"据说，目前在国外有些科学家用电流来分解物质取得了较好的结果，我也想试一试，可是，咱们没有产生电流的装置呀！"

"先生，我和弟弟在大学读书期间曾做过铜锌电池，效果还不错，产生的电流足以使青蛙和老鼠等小动物麻痹致死。"

"真的吗？那太好啦！"希津格尔两眼闪烁着喜悦的光芒，"好，咱们现在就着手制作电池。"

于是，两位同学兴致勃勃地投入新的实验，他们很快就制成了电池，接着又准备了各种各样盐类的水溶液，然后进行电解实验。

做过电解硫酸钠水溶液的当代中学生或大学生们，一定会记得：当把电解的两极置于硫酸钠水溶液中时，在阴极放出了氢气泡，在阳极放出了氧气。如果此时再试验一下阴极区和阳极区溶液的酸碱性的话，那么便可发现，向阴极区滴入酚酞指示剂，溶液变红，说明溶液显碱性，向阳极区滴入甲基橙指示剂，溶液变红，说明溶液呈碱性。

当代学化学的人，自然知道这其中的道理。原来在阴极氢离子获得电子，生成氢气，而水溶液中氢氧根离子过剩，故显碱性；而在阳极氢氧根离子失去电子，生成氧气和水，水溶液中氢离子过剩，故呈酸性。

可是，对于前无古人首先发现这种有趣而又奇特的电解现象的雅科布来说，却像迷雾一般困扰着他。是的，当人们尚未明了自然现象的真谛时，就好像钻进云遮雾绕的迷谷，感到困惑而又神奇。

"如果电流通过以后，盐就分解成酸和碱，那么，我们就有理由确信，一切盐都是由酸和碱组成的，并且从碱被阴极吸引这件事看来，它应该带有阳电荷。"雅科布像一个预言未知世界的哲人似的推断说。

"有道理！"希津格尔赞同道，"这样说来，酸就应该带阴电荷喽？"

"是的，所有的实验都给我们提供了这样的事实：金属和碱也应该带阳电荷，所以，也应在阴极析出来。"

"雅科布，我记得好像你同我谈过，英国人戴维认为碱中含有氧，而法国人拉瓦锡却认为酸里含有氧，这两种看法不是矛盾吗？应该怎么解释呢？"希津格尔在年轻助手面前从不摆主人和权威的架子，相反地，他往往像一个谦虚好学的学生似的，遇到难题便坦然地向自己的助手求教。这种虚心好学的态度，充分表现出他为人的涵养性，这就更加赢得雅科布对他的尊敬。因此，雅科布对学术问题的看法，也能毫无拘束地同他交流。

"我认为，他们两个人的看法并不矛盾，而且都对，金属与氧化合生成碱，而非金属与氧化合生成酸。"

学过化学的中学生都还记得，金属的氧化物与酸反应生成盐和水，显碱性；而非金属氧化物与碱反应生成盐和水，显酸性。但是，人们可曾想过，最先提出金属氧化物显碱性，非金属氧化物显酸性的观点的人是雅科布？

雅科布把这种观点进一步完善，就形成了使他名垂化学史册的二元电化学理论。

不久，一种矿物引起了希津格尔和他的年轻助手的注意。

他们将这种矿物砸成碎块，又研成粉末，然后用浓硫酸将粉末溶解，再配成一定浓度的电解液。由于他们确信这种矿石里一定含有某种新金属元素，所以在进行电解实验那天，两个人的情绪又兴奋又紧张。

像往常一样，关键性的实验，都由实验技术娴熟的雅科布动手操作。当他把事先配制好的电解液注入电解池，并迅速地接通电源后，希津格尔屏住呼吸注视着阴极，希望那里能闪现出新金属的光芒。

可是，时间一分一分地过去了，两人的眼睛都盯酸了，却始终没有发现他们预期的金属闪光。忽然，雅科布一声惊叫：

"来啦，先生，您看！"

希津格尔擦拭了一下近视镜片，定睛一看，只见在阴极附着一薄层淡黄色的沉积物。

"这是什么？它不是金属！"希津格尔颇感失望地说。

"是呀，它不是金属，而是某种未知金属的氧化物。看来这种金属同氧结合得太牢固了，就连电流都难以把它们分解。"

"不管怎么说，这是一个重要发现。"希津格尔以自我安慰的口吻说，"以后即使别人发现这种金属，它的氧化物却是咱们首先发现的。"

后来，德国的分析化学家马丁·克拉普罗特地独自地获得了这种氧化物，但他也没能提出纯金属来。

又过了30年左右，雅科布的学生卡尔·古斯塔夫·莫桑德成功地将这种纯金属分离出来，将它定名为铈。

在希津格尔实验室的工作，为雅科布一生的研究工作奠定了坚实的基础，后来许多事业上的成就，都是从这里起步的。此外，从个人生活境遇来讲，这期间是他时来运转时期。在这里，他的研究成果日益丰硕，研究领域也不断扩大，不知不觉地他的名声扩展到整个欧洲，成为当时化学界的知名人物。

1806年5月，他被任命为医学外科学校的化学讲师。从此，他的不取报酬白尽义务的助教生涯结束了，步入了不用为生计操劳可以安心搞教学和科研的顺利时期。

这期间，他除了每天进实验室工作外，还着手编写一本生理化学教科书。他在图书馆查阅资料时，偶然发现一本名为《初等化学计算的基本原理或计量元素的技术》的著作，作者是德国工艺化学家耶雷米·里希特。他在这部书里提出"化合量"一词，是具有开创性之举。该书作者在考察酸与碱反应的数量关系时，得出一个颇为重要的结论："如果一定量的酸正好被几种不同的碱中和，则几种碱之间，在数值上是等量的，它们也会被相当数量的另一种酸所中和。"里希特把这个数量叫化合量。

这个结论又进一步发展成互比定律。这个定律是说，如果甲元素同乙和丙元素分别以一定的重量相化合，则当乙和丙两元素直接化合时，就可以同样的重量比例或者以简单的倍数比例相化合。

里希特发现了这个定律之后，在长达十多年时间里，一直没有引起化学界的重视。自从被雅科布发现之后，凭一位天才科学家的洞悉事物本质的眼力，认定这是一个意义重大的化学基本定律。于是他着手做了大量精确的验证实验，他以无可辩驳的事实，使化学界普遍地确认了这个定律，并定名为化合量定律。

由此可见，虽然发现化合量定律的是里希特，然而使之重见天日，并发扬光大，取得举世公认的则是雅科布·贝采里乌斯。

原子论的信徒

　　雅科布·贝采里乌斯之所以在化学上有重大的建树，应归因于他具有观察和发现新事物的敏锐目光。

　　这种敏锐的观察与发现能力，使他在研究实验中不会放过展示事物本质的微细现象，使他在读书中善于捕捉前人思维中的智慧之光。正是这些细微的现象和真理的闪光，启发他的灵感，激发他创造的欲望，引导他步入科学发明和发现的殿堂。用通俗的话来说，他是一个思维敏感，善于观察、学习、联想和发现的人。

　　雅科布在为编著生理化学教科书而查阅参考资料过程中，从里希特的《初等化学计算的基本原理或计量元素的技术》一书中，发现了化合量定律的研究课题。几天后，他在阅读约翰·道尔顿关于原子论和确定元素原子量初步试验的论文之后，又受到了很大的启发，确定了新的研究课题。

雅科布认识到，道尔顿的学术思想大有发展前途，以致使他成为原子论的忠诚而热情的信徒。这一方面是由于道尔顿学术思想的深邃和精辟，另一方面是由于道尔顿的人格崇高和伟大。可以这么说，雅科布是道尔顿的崇拜者，是原子论的信徒。

这里，简要介绍一下道尔顿。

约翰·道尔顿（John Dalton）1766年9月6日出生在一个北英格兰的坎伯兰州伊格费尔德村穷苦织机工人家里。

道尔顿的父母和小学老师都是教友派的信徒。他是在教友派教育氛围中长大的，这种宗教对他的一生都产生了深刻的影响。

对他一生影响最大的是一位笃信教友派的绅士，他的名字叫鲁宾逊。在道尔顿所在的农村，他算得上很有学问的人，爱好自然科学，尤其是气象学，同美国发明家富兰克林等人保持着通信联系。他热情地关心道尔顿，在他的指导下，道尔顿自学了数学和物理，还进行了气象观测。

道尔顿后来成为著名的科学家，创立了原子学说，与他的关怀和引导有很大的关系。

道尔顿由于家庭收入微薄，经济困难，被迫中途辍学，从12岁起他就开始自谋生活了。起初，他以办私塾教书为生，而后又随叔父在村里干了一段农活。不久，他又到64千米以外的一所教友派学校去任教。在这所学校里连续执教了12年，由15岁的少年变成了27岁的青年。

在12年时间里，他教书之余，研究气象学。他认真观测并做详细记录，虽然买不起贵重的测量仪器，但他从鲁宾逊那里学会了自制仪器的本领。自己动手制作了温度计、气压计等简单仪器。

这期间，他撰写过有关仪器方面的文章，还发表了有关极光、雨、云和温度等方面的论文。人们对这位自学成才的青年人所取得的成就，无不感到惊讶，人们对他十分敬佩。

除了气象学外，道尔顿还涉足了昆虫学、植物和数学。在他涉足的全有学科中，起初最精专的当首推气象学。

道尔顿从1787年3月24日起开始写气象日记，一直坚持了57年，从未间断，记录的气象观测达20万条之多。并在此基础上，出版了他的第一部气象学术专著《气象的观察资料和论文集》。这本专著系统地总结他多年来气象观测的结果，对气象学的发展起了一定的促进作用。

从此，这位年仅27岁的青年教师引起了科学界的重视。他在科学研究的道路刚开始起步，就达到迷恋的程度。为了寻求一个便于开展科学研究的环境，1793年他放弃了原来的工作，前往曼彻斯特的一所名为"新学院"的学校任教，讲授数学和自然哲学。

由于教学任务繁重、实验条件缺乏，难于从事他一向醉心的科学研究。为了能够得到充足的研究时间，1799年，道尔顿毅然辞去待遇优厚的讲师职务，以少量时间为私人授课所获得的低微报酬，来维持清贫的生活，而把大部分时间，用于实验研究和参加科学演讲会、论文宣读会等学术活动。这种为科学研究事业而安贫乐道的精神，正是一切在学术上成就一番事业的科学家所共有的品质。

正如前文所述，道尔顿的科研事业始于气象学，可是他的最高学术成就却在化学领域，他创立了震古烁今的原子理论，开辟了化学的新时代。

在由气象学转入化学的研究轨迹中，运动的质点便是气体。他从观测气象开始，进而研究空气的组成、混合气体的扩散和分压，总结出分压定律，推导出空气是由不同质量、不同种类的粒子混合而成的，从而确认了原子的客观存在。并由此为出发点，通过化学实验测定出原子的相对质量，再经过严格的逻辑推导，逐步建立起了科学的原子论体系。

任何一个科学理论问世都有它直接的动因，原子论自然也是如此。道尔顿为了解释他所发现的气体分压的经验规律，他继承和发展了古希腊朴素原子论和波义耳、牛顿的机械原子论。道尔顿不仅确认物质是由终极质点（原子）构成的结论，而且他还用这种结论去解释物质的基本性质和各种规律。

1803年10月21日，道尔顿在曼彻斯特文学哲学学会会议上，作了题为《论水和其他液体对气体的吸收》的报告。在这次报告里，他首次阐明了他的原子论观点。其要点是：（1）化学元素由非常微小的、不可再分的物质粒子——原子组成，原子在所有化学变化中均保持自己独特的性质；（2）同一元素的所有原子，各方面的性质，特别是重量，都完全相同。不同的元素的原子重量不同，原子的相对重量（即原子量）是每一个元素的特征性质；（3）同种元素的原子彼此相斥，而不同种元素的原子按简单数值比相结合时，就发生化合。这就是道尔顿原子论的要点，他在同一个报告中还宣读了自己制定的一张原子量表。

1808年，道尔顿的代表作《化学哲学新体系》（两卷）的上卷第一部分问世，论述了物体的结构、原子论的观点及其由来；1810年，该书上卷第二部分出版，结合化学实验事实，运用原子理论阐述基本元素、二元素化合物的组成和性质。1827年，该书下卷出版。这一卷重点论述了金属的氧化物、硫化物、磷化物以及合金等性质的规律，对他的原子论思想作了进一步的发挥。

道尔顿对化学的最大贡献是，以他的原子论把零零星星、杂乱无章的化学现象联系起来，使之成为一门系统的科学。可以说，原子论的提出，为化学开辟了一个新时代。

随着科学成就的增大，道尔顿的声誉也不断的提高，越来越受到人们的尊敬和爱戴，各种荣誉头衔也接踵而来。1816年，他被选为法国科学院通讯院士；1817年，被选为曼彻斯特文学哲学学会终身会长；1822年，当选为英国皇家学会会员；1832年，牛津大学授予他法学博士学位……道尔顿为什么在科学事业上取得如此巨大的成功和荣誉？用他自己的话来回答，那就是："如果我比周围的人获得更多的成就的话，那主要——不，我可以说，几乎纯粹是由于不懈的努力。"

道尔顿的一生是清贫、淡泊和简朴的，在他辞去教职以后近三十年的漫长岁月里，寄居在心甘情愿地为他提供食宿的牧师门下，过着刻板的、机械的、毫无变化的生活。

实验室是他遁世的安身立命的避风港和供奉信仰、实践理想的精神殿堂。作为这个殿堂里的苦行僧的清规戒律，就体现在他一成不变的日常生活的时刻表里。

他早晨8点起床，生好实验室的火炉，然后去吃早饭，接着整个上午都在实验室里工作，下午一点钟吃午饭，整个下午仍在实验室工作，直到下午五点，才放下工作出来喝茶；茶罢，他回到实验室继续工作到晚上九点，然后吃晚饭；饭后，同牧师一家人团聚，在客厅愉快地消遣一两个小时。这就是他一天的时刻表，机械地运转，周而复始。从生活的内容来看，时间似乎失去了方向和记忆，你说不出今天与昨天有何不同，时间好像变成可逆的生活链条。但是，从研究的内容和所取得的成就来看，他在每分每秒都打上了标记，他使时间变得日新月异，时刻成为记载着他不朽业绩的不可逆的生命之矢。

　　然而，他绝不是讨厌生活的厌世者。他很欣赏和留恋田园诗般的生活情趣。每星期四下午，他给自己放假半天，到草地去玩滚木球。他玩球有规律、有节制，玩到预先确定的回合数，便戛然而止，到茶馆喝点茶或抽支烟，恢复一下体力，就返回家，去过一周单调而有规律的生活。

　　天气好的时候，他攀登高山或者来到湖边，一面进行气象实验和观察，一面欣赏湖泊、山岭的风光。他定期返回故乡村落，去拜访父老乡亲，畅谈往昔旧事。

　　一年一年过去了，道尔顿始终生活在被婚姻遗忘的角落里，过着他那自行其乐的清静、孤单和自由的生活。有人问他，为什么不娶妻？他回答：忙，他那被三角、化学和电学充塞得满满的脑袋里，无处容纳妻子之类的事。

　　但是，如果说他天生与爱情绝缘、天生就憎恶女人，那也不切合实际。这位潜心于科学事业的老学院，也曾动过昙花一现的单相思。他在一封信中曾对哥哥坦白说，他认识了"一位曼彻斯特最漂亮的女人"。这位女人所以打动了他，不仅是因为她的美貌，更重要的是因为她有学问。在他看来她是一位不寻常的女人。

他在信中写道："她正在开始评价约翰逊和利丹两本字典的优劣；能谈论在漂白过程中脱去燃素的海酸（即盐酸）的作用；也能讨论鸦片对于动物身体的影响等等。我无法抗拒，只好无条件投降……"如果信只写到这里，读信人还以为道尔顿正坠入情网难以自拔呢。但是，在信的末尾，他笔锋一转写道："我只做了大约一个星期的降将……"原来这位爱情的俘虏很快从战俘营逃脱了。

这是因为有一个比爱情更使道尔顿着迷的科学问题吸引着他，这就是前面提及的原子论问题。他把原子理论从物理学引入化学，取得了巨大的成功，使他成名了。

他的突然"发迹"，引起了同时代人的重视。人们把惊异的目光投向他，既有不解的疑惑，也有热情的赞许。他究竟是怎样一位科学家？是一个被上帝选中的信使，在心血来潮的刹那间，代表上帝向人们传授法则的呆头呆脑的苦干家呢？还是对于普通人的看法和经验不屑一顾的精神王国里绝顶聪明的天才呢？不过，不管人们如何评价他，苦干家也好，天才也好，这个安详、体弱的教友派的信徒，依然平静地看管实验室的炉火，并且把被炼金术搅得杂乱无章的化学整理得井然有序。

如果把道尔顿描绘成与世隔绝、不食人间烟火的清教徒，那是不符合实际的。在他功成名就，社会声望不断提高的时候，他对多彩的社交生活，曾以愉快的心情接纳。他不仅沾沾自喜于讲演后的成功，也颇为欣赏自己讲演前的自信和镇定。每次讲演他都泰然自若、挥洒自如。这不但使听众为之惊奇，连他本人也感到诧异。

他怀着轻松的心情，带着自信的微笑，周游各地，进行巡回讲演。同时，也睁大一双孩子般的天真好奇的眼睛，热情地观察那色彩缤纷的花花世界。在谈到初次游历爱丁堡的观感时，他写道："这是我所看到的最浪漫的地方和情景……房屋高耸入云……这里，他们的房屋不是一幢连一幢的，而是叠床架屋，不但房上建房——不，他们更妙的是——而且还……"他甚至以天真无邪的眼光来观赏异地的女士们，把她们也当做美丽新奇的景物来欣赏。他特别喜欢观察听众中的女士们，那些"穿的衣裳绷得像鼓一样紧"以及那些"将衣裙像毛毯一样地裹在身上的"小姐们，"但是，不论什么样的穿着，大多数女士们看来都非常美丽动人。"

这就是说，长期过着蛰居隐士生活的道尔顿，并非是与现实生活隔绝的僧侣。他有一般世人的凡心，他为光怪陆离的繁华世界所吸引。

　　但是，当他从灯红酒绿和纸醉金迷的氛围中清醒过来时，觉得外面的花花世界绝非是他久留之地。他乡虽好不如早归，于是他又回曼彻斯特，重操旧业，又过起那平静、刻板、默默无闻的生活。这时，他才体会到一个演员卸装后回归自我时的那种自由和自在。

　　回想起在交际场中所扮演的高雅绅士的角色，他感到十分滑稽可爱。他本不是那种场所里的人，硬装扮自己，一定是笨拙而又粗俗的。难怪伦敦的时髦阶层和达官贵人们，在倾听他的演讲时，对他的粗鲁作风和不雅举止感到震惊。

　　然而，命运就是跟他开了个玩笑，硬是让他这样土里土气的实干家，在那花花世界里，穿着漂亮的贵族服饰，装模作样地去充当要人和巨人。尤其是当汉弗莱·戴维爵士向他颁赠皇家奖章，而他又不得不按着礼节以空洞的，程式化的语言作答词的时候，那种尴尬的气氛令他窒息。

　　如今又回到属于他的纯朴、平凡的环境中来，他又还自己本来面目，真有"羁鸟归林，池鱼入海"的欢快之感！

　　好景不长，道尔顿想过他所习惯的清静、简朴的学者生活，没想到事业的成功，竟使他变成一个关在尊贵铁笼供人观赏的珍禽或一条装进透明的荣誉之缸的金鱼。除本地人之外，许多外地人都风尘仆仆地赶来，争相一睹"著名的原子学说首倡者"的风采。

来访者中，有伟大的法国学者佩利蒂尔先生。他事前凭高卢人所特有的伟大的想象力，幻现出他们相见时的情景：伟大的道尔顿先生，他是曼彻斯特城最显贵的市民，一定住在一个科学设备精良、居住条件安适、研究与居住一体的大学官邸之中，而这所大学应该像他所在的法兰西学院或者巴黎大学那样，拥有许多宽敞明亮的讲演厅。许多本地人和慕名而来的外地人，在那里聆听关于原子学说的讲演，而他频频地向不断以掌声打断他讲演的热情听众鞠躬致意……这就是佩利蒂尔想象中的道尔顿。

可是，当他抵达曼彻斯特时，打听约翰·道尔顿这个名字，城里人好像没人熟悉似的，感到好生纳闷。后来，总算找到了。有人把他领到一个巷子里，并带进一所破房子的后屋里。他看见一位老人站在一个小孩的身后，俯视小孩在石板上作算术题。

这时，法国高贵的客人以法国人所特有的礼貌，但口气中却不乏疑惑和试探的意味，问道："请问，我现在是荣幸地同伟大的道尔顿先生说话吗？"

"是的，只是您千万不要动用'伟大'之类的字眼儿。"道尔顿平静回答，"您请坐，请允许我把这孩子的算术纠正一下。"

道尔顿就是这样一个质朴无华、安贫乐道的学者，经常拒绝名利的诱惑，而轻易不肯脱离他在曼彻斯特的简朴而清静的生活。

有一次，汉弗莱·戴维爵士邀请他参加一个由英国皇家学会发起，由英国海军部赞助的北极探险队。这个机会意味着既能得到一大笔钱，又能大大地提高知名度。可是由于不愿放弃案头的工作和习惯的生活，他毅然地谢绝了这个名利双收的机会。

但是，人非草木，谁也不能抗拒一切诱惑。巴黎城像个诱人的女神那样，使他再度坠入尘寰。在巴黎，他幸运地会见了当时法国的两位科学泰斗：洪保德和拉普拉斯。这三位齐名的大科学家一见如故，热烈地探讨了地球上的物质和天体的秘密。在巴黎，人们把他视为象征英国的雄狮来接待，礼遇规格的隆重，欢迎气氛的热烈使他受宠若惊。当他被欢迎者如众星捧月般簇拥着、进入神圣的学院区的时候，院长和院士们全体起立向他鞠躬。这是当年不可一世的拿破仑在有名的"四十个院士"中就座时，也不曾享受过的殊荣……

　　从巴黎载誉归来，他又把心思投入到那迷茫的未知领域。可是他年事已高，今非昔比，他想干的事太多了，甚至到了这般年纪他才刚认识到他的生命的重要价值。然而，他毕竟是老了，力不从心了。回首往事，他对自己的人生无悔无恨。70多年的生涯，他一直过着独身生活，他像波义耳和凯文第许一样终生未娶，把毕业的精力都投入到醉心的科学事业上了。他只是对生命变化之迅速赶到惊异，一个人一生所能做的事情和所经历的事情实在是太少太少了，作为一个科学家不管人们恭维他如何如何伟大，但他自己总觉得想做的事情和已做的事情相比差得太远太远了。至于经历嘛，那是更少得可怜的：几条趣闻，若干轶事，一次莫名的哀愁，一个突如其来的打击……转眼间便到了人生的尽头了。

　　这位长着鹰钩鼻子、深邃大眼睛，穿着深色长袜和带扣鞋子，系着白色领巾的教友派信徒，拄着手杖，缓缓地然而总感觉还是迅速地走到人生大道的尽头。

　　人们张罗着给他塑像，雕塑家扶着他在工作间走来走去，让他看他的全身和半身塑像的试制品。一天，当他看到自己的定型头像时，他预感到离归去已为期不远了。

　　1844年7月的一天傍晚，78岁高龄的道尔顿，步履蹒蹒地进入实验室，按着每天的惯例，他得记录当天的天气后再去睡觉。可是，这天晚上他拿起笔来，手发抖了……第二天，晨光临窗时，这位为科学事业奋斗一生的老人与世长辞了。

这就是平凡而又伟大的道尔顿的一生。他所以受到本书的主人公雅科布·贝采里乌斯的景仰，一方面是由于他的出身、他的经历以及为科学而献身的精神，彼此相似；更主要的是由于他的科学成就对后者所产生的感召力。

继承与发展道尔顿的原子学说是雅科布科学研究的一项重要内容。在这个研究领域，他做出了两大贡献：其一是，改善了化合物命名的方法。我们所见到的化学元素的符号以及用这种符号所表示的化合物的化学式，最先是由贝采里乌斯提出来的。1813年他首次发表了他的化学符号，他采用每种元素的拉丁名称的开始一个或两个字母作为化学元素符号，这种做法一直沿用至今。今天当我们使用化学符号的语言，准确而又迅速表达化学元素及其化合物的反应和性质时，我们应该感谢首创这种符号语言的雅科布·贝采里乌斯。其二是，改进了原子量的测定方法，他根据水的合成反应，正确地确定了水的组成和氧的原子量，这是原子量测定工作中一项重要突破。

雾锁伦敦

雅科布·贝采里乌斯所处的时代，是一个学术刊物稀少、科学信息闭塞的时代。

在这种情况下，要想成为有作为、有影响的科学家，必须走出孤陋寡闻的"象牙之塔"，去遍访世界各国的同行专家，进行学术观摩和交流。这不仅对提高科学家本人的业务水平是必要的，而且对提高其知名度也是必要的。

雅科布·贝采里乌斯早就同德国、英国、法国的一些伟大的科学家有过书信来往，他渴望与这些心仪已久的学者们会晤。

1812年，贝采里乌斯获准访问法国。然而，还未动身，俄法战争爆发了，破坏了他访法的计划。于是，他便到英国去了。

贝采里乌斯访英第一个想会见的科学家就是汉弗莱·戴维。这不仅是由于他景仰戴维杰出的学术成就，更主要的是崇拜他通过自学而达到荣誉巅峰的艰苦奋斗精神。

汉弗莱·戴维（Sir Humphry Davy）1778年12月17日生于英国昆沃尔的彭赞斯。他天资聪颖，5岁时就能迅速流畅地读书。他酷爱自然，喜欢跋山涉水。

戴维的父亲是位曾当过木雕师的农民，他对聪明好学的儿子很欣赏。因此，当本乡的小学教师建议他把儿子送到彭赞斯城去深造时，他欣然同意了，并领着儿子来到英格兰西南端昆沃尔半岛的海港城市。

戴维被安置住在母亲的养父约翰·汤金家里，他很喜欢汤金家房子上的那个小阁楼，从这里的窗口可以眺望大海，欣赏惊涛拍岸和太阳出没的壮丽景色。优美的自然景观不仅令他悠然神往，而且能激发他写诗的灵感。他经常写一些咏叹自然风景的抒情诗。

他一个人寄居在汤金家，虽然难免感到有点寂寞和孤单，但却得到了充分的自由，再没有人来过问他的功课、干预他的行动了，读什么书、做什么事，完全由自己决定。他很快就适应了这种独立的生活，学习得很主动，进步得非常快。

正当他在成才之路顺利前进的时候，突然传来了噩耗：父亲去世了！

这时，戴维才16岁，他手下还有4个弟妹，父亲死后留下130镑债务，对于他那34岁的寡母来说，她所面临的苦难是可以想见的。

由于靠农村田产的微薄收入，难以养活5个未成年的孩子。她变卖了田产，迁到彭赞斯城里来，开办一个专做女帽的小店铺。但是，收入仍很微薄，一面维持一家人的生活，一面偿还债务，显得十分困难。因此，作为寡母的她，不得不重新考虑对长子戴维前途的安排问题了。

她征得养父约翰·汤金的同意，决定把戴维送到博尔列斯先生的药房当雇工。戴维听到母亲的决定，心里非常高兴，因为这正是他想做的事情。

博尔列斯先生不仅是个经验丰富的医生，而且又是个相当出色的药剂师，他有一间很不错的实验室。对于想学点医学，又想揭开化学奥秘的戴维来说，那里的一切像磁石一样吸引着他，激励着他在博尔列斯实验室里拼命工作，在藏有大量医学书籍的图书馆中刻苦读书。

他在大量科技图书中，偶然发现了拉瓦锡的《化学原理》和尼科尔森的《化学辞典》。这些化学书籍立即使他着迷，这时他似乎突然彻悟了：化学才是他真正志趣之所在。

　　不久，汉弗莱·戴维热爱化学、精于化学实验的消息便传开了，著名医学和化学家托马斯·柏多伊斯闻讯，专程来请他去气体研究所当助手，研究各种气体在医疗方面的作用。

　　戴维慨然应允了柏多伊斯的邀请，高高兴兴地来到了他的设备齐全的实验室。他首先研究一氧化二氮的性质。为此，他先制取大量的一氧化二氮，以备试验其性质用。

　　一天，柏多伊斯来到实验室，不小心把戴维储存一氧化二氮的玻璃瓶碰碎了，气体便趁势扩散开来。他刚说了一句道歉话，脸上便现出了奇怪的笑容，随后便失声狂笑起来。这没来由的怪相和狂笑，本应引起在场的戴维惊愕不解，可他自己的脸上也现出同样的怪相，站在主人对面，也失声狂笑起来……

　　这不正常的笑声，引起了隔壁实验人员的注意，开门一见二人对视狂笑的情景，立即惊得目瞪口呆，大声喊道："快出来，透透新鲜空气，你们都中毒啦！"

柏多伊斯和戴维来到室外，这才慢慢地恢复了常态，但感到头很痛。这场意外事故，竟使两位学者意外地发现，一氧化二氮并非是"无害气体"。它先使人笑得要命，然后再让人头痛得要死。这就是发现"笑气"的过程。

柏多伊斯家有两间房子：一间卧室，一间工作间。他也和戴维一样爱好写诗，在紧张工作之余，常写些长诗和十四行诗，借以休息一下脑筋。

柏多伊斯夫人也是文学爱好者，当时英国的一些著名诗人和作家常来她家作客，热衷于写诗的戴维自然也是这个文艺沙龙的积极参加者。

当时的所谓"湖畔派"浪漫诗人塞缪尔·科尔里奇、罗伯特·索塞和威廉·华兹华斯等人，都很推崇戴维在文学方面的卓越才能，也把他视为文艺界的知己。在他们的帮助下，戴维发表了很多诗篇。但是，戴维在学术上却情有独钟，他最喜欢的还是化学。他觉得对未知领域的探索以及新发现的欣慰，都具有独特的魅力和诗意。

一个偶然的机会，使戴维在研究方面发生了重大的转折：由研究气体对医疗的作用转向研究电流对各种物质的作用。

这个重大转变，是由一本新出版的《皇家学会学报》引起的。那本杂志上刊登的尼科尔森和卡莱尔的《用电池电解水》的文章引起他极大的兴趣。

戴维想："既然电解水能产生氢和氧，那么用这种方法，电解其他物质，说不定也能产生人们不知道的别的物质吧？"

想到这儿，他就立即动手制作电解装置，分别装进各种物质，然后通上电流，并获得初步成果，他受到了很大的鼓舞，决心把这项研究搞下去。

但是，伦福德伯爵的来访，又使他的人生发了一次重大的转折。

伦福德伯爵是英国物理学家，是热的机械理论奠基人之一，他研究过各种物体对光的吸收问题。

他正准备在伦敦成立一个以"发展科学和普及重要知识"为宗旨的学会，目前，正四处物色能胜任此项任务的各科人选。参与该学会工作的人，不仅能为以学生为主体的社会各界人员进行科普讲座，而且还要进行促进科学发展的研究工作。

伦福德乍见戴维时的印象并不怎么好，这可能是由于在农场长大的戴维，尚未涉足于上流社会，缺乏那个阶层所持的礼仪修养和文雅风度。可是，一经接触便发现，他对戴维的第一印象只不过是一种错觉。坐在他对面的年轻人，不仅有渊博的知识，而且有高雅的气质。经过一番类似于考试般的长谈，这位伯爵大人进一步发现，戴维具有超人的智慧和非凡的口才，认为他是进入该学会最理想的人选。

1801年初，戴维来到伦敦，正式担任了伦福德伯爵所组建的那个皇家研究院的化学助手之职，这位学术团体创始人的眼力果然不错，戴维一到任，便显示出他的非凡才能。尤其是他的出色讲演，使许多伦敦听众为之倾倒，他的最初几场成功的讲演，使他赢得了杰出演说家的美誉。

戴维出众的口才，不仅征服了大学生、科学家和科学爱好者，使皇家研究院的讲演厅成为他们无限景仰的地方，而且还得到文艺家们的青睐。他们认为戴维的语言总是那么清新悦耳，娓娓动听。"湖畔派"诗人科尔里奇赞赏戴维的演说时说，听他讲演不仅能学得许多科学知识，而且还丰富了对于一个诗人所必不可少的词汇。戴维出众的口才，甚至还得到伦敦最漂亮、最时髦的小姐和太太们的艳羡。每到戴维讲演的日子，她们总是像过节似的，打扮得花枝招展，坐在前排最显眼的地方，尽管她们对演讲的科学内容一窍不通，但她们仍听得那么专注、那么动情，真不知是戴维的演说果真有如此迷人的魅力呢，还是她们想借此机会一展自身的孔雀彩屏般的芳姿，也许两者兼而有之。

总而言之，戴维很快变成伦敦社交界所关注的赫赫有名的人士之一。在剧院首场演出和官方招待会上，在文艺沙龙和美人团体专为他举行的宴会上，他都成为人们目光的焦点，人人都以一睹他的风采为快。

不过，社交场合的鲜花、笑脸和掌声，并没有冲昏戴维的头脑。这位青年学者清醒地认识到，他在社交场获得的成功，只不过是对他的表演式的行为过程的一种喝彩，并不是对他的行为后果的最终肯定。而他孜孜以求的是，创造不朽的科学业绩，获取科学上的肯定。他并没有过分地贪恋社交场上的浮光掠影般的浮华和虚荣。因此，每当繁华盛大交际晚宴散席后，常常袭来一股空虚而又苦闷的情绪，因为他感到应酬太多，赞扬声也听腻了，而他真正热衷的科学事业成就平平，在前进道路上还困难重重，并非像崇拜他的人们想象的那样，他正处在春风得意，一帆风顺的高峰期。实际上，他所涉及的应用化学和农业化学、矿物学、冶金学、皮革制造和农业化学等研究领域，没有一个对他来说是轻而易举的。而恰恰相反，甚至可以说是举步维艰的。

这是因为戴维童年没有受过良好、正规、系统的学校教育，基础知识和理论功底太差了，以致不得不拿出宝贵的时间来补习人们早已熟悉的基本知识。由于缺乏分析化学方面必要的知识素养，他不得不放弃了矿物学的研究；由于缺乏有机化学方面的必要的知识积累，他不得不放弃皮革制造的研究。幸亏他在农业化学方面取得了可喜的成就，不然的话，戴维将长期囿于讲演成功，科研不顺，外表繁华，内心空虚的境地。

除农业化学外，他还继续研究电的化学作用的问题。1806年，他把从前电化学实验方面的资料进行整理，并写进了在皇家学会做的题为《论电的某些化学作用》的报告里，这个报告引起很大的反响，为他赢得了更大的声誉。一时间，似乎戴维做出了一项伟大发现：化学居然与电攀上了关系，真是科学领域的一大奇迹！

戴维受到了普遍赞扬，情绪大为高涨，更积极地开展电化学方面的研究工作。

1807年，当他献身化学事业接近10个年头的时候，他用电化学方法成功地分离了碱金属。这项成就使他一举成名，成为在欧洲屈指可数一流化学家。

戴维获得成功，是他做出了重大牺牲的结果。如在一次电解金属实验中，发生了爆炸事故，一块玻璃碎片炸进眼里，致使右眼失明。

当时英法正处于交战状态，可是，为奖励戴维在电学研究方面所取得的卓越功绩，法国皇帝拿破仑做出一项惊人的决定：下命嘉奖本属交战敌国的有杰出成就的科学家戴维，向他颁发奖章一枚。

戴维也相应地做出了惊人的反应：他不顾亲友们的劝阻，不避同敌国发生关系之嫌，毅然去巴黎参加授勋仪式。

戴维所以敢于这么做，是基于他坦荡无私的科学理想。他说："我是为科学，为整个人类而工作的。如果说科学家要进行斗争，那么他只能为夺取某种信念的胜利而斗争，为坚持真理而斗争……"

从1807年戴维成功地分离出碱金属起，一直延续到1820年左右，在这十几年中，他在科研领域捷报频传，取得了一系列的重大成果。站在化学史家的立场，来评价戴维的业绩，他最值得推崇的成就是，对氯的系统的研究工作。氯虽然是舍勒发现的，但他是在氯化氢被氧化的情况下制得氯气的，所以他并不认为氯是一种元素，而是氯化氢的氧化物。戴维经过深入的研究后，他确认氯是一种单质，并把这种单质命名为氯。

此外，戴维还发现了氧化氯、光气和氯化氮等氯化合物，磷和碲的氢化物，还研究了金刚石的本质，发明了弧光灯和安全灯等等。这些成就使他像一颗耀眼的明星光芒四射。

1812年，是戴维一生中最难忘的一年。在这一年里，对戴维来说，是三喜临门。第一喜是他完成了《农业化学基础》一书的写作；第二喜是他获得了勋爵的称号；第三喜是他与富有的寡妇珍妮·艾普丽斯喜结良缘。

授予爵士称号的仪式，是在1812年4月8日举行的。那天，威斯特敏斯特教堂前的广场上停着一排排华贵的轿式马车，伦敦上层社会的名流显贵云集在大礼拜堂的拱顶下，参加授予汉弗莱·戴维爵士称号的仪式。庄严的乐曲声刚停，英国皇太子在大批神职人员的簇拥下，从大讲坛边走出来。他步履威严、神情庄重，缓缓地走到跪着的戴维面前，用镀金宝剑碰了碰他的肩头，说道：

"你为发展科学屡建奇功，特授予爵士称号，自即日起，汉弗莱·戴维先生已荣任英王御前侍从！"

随后开始了隆重的祈祷仪式。

在戴维受封爵士的第二天，便与珍妮·艾普丽斯举行了婚礼。然而，他们的蜜月旅行却一拖再拖，一直拖到几个月后的雅科布·贝采里乌斯来造访的那一天。

雅科布·贝采里乌斯在下榻的宾馆刚放下行李，便匆忙地赶去拜会戴维。

那天伦敦被浓雾笼罩着，不知是由于旅途中患了轻微感冒的原因，还是因为伦敦天气的缘故，他感到胸中发闷。

此时，戴维的家正处于外出前的忙碌中，他与妻子刚吵过嘴，脸上的怒容还未消失。仆人便来禀报，一位名叫雅科布·贝采里乌斯的瑞典客人求见。

"上帝呀，他来得可不是时候哇！"戴维先是一惊继而叫苦，随口问仆人："你看，我的脸色是不是很难看？"

"这个……啊，不……"仆人吞吞吐吐地回答。

"快去，把客人领到会客室，我随后就到。"

仆人把雅科布领到豪华的会客室，客人刚落座，就从内室传来了妇人的声音：

"我说你是外出旅行，还是巡回做演示实验，带这些瓶瓶罐罐干什么？"

"请你小声点，我有贵客来访！"

"这是你家主人吗？"贝采里乌斯悄声问。

"是的，"仆人怯声回答："他们正准备动身旅行，而且刚才还发生点……"

又是那个妇人的声音，打断了他的话：

"什么？又来贵客啦！你是不是又想找拖延蜜月旅行的借口哇。你算算已经拖延几个月啦？这还叫蜜月吗？"

"不可理喻！"随着一串皮鞋声，一位身材修长的绅士出现了。

他，衣着考究，眉清目秀，只是脸色苍白。

"戴维！"客人叫了一声，站起身来。

"见到您很高兴！"主人迎上前来紧紧握住客人的手。他的手很凉，并微微颤抖。客人很敏感地觉察到这点。

"我祝贺您，被晋封为爵士！"雅科布·贝采里乌斯很得体地称赞长他一岁的同行："您是欧洲化学界同行的骄傲，您获殊荣是当之无愧的！"

"谢谢，您过奖了。说到欧洲化学界同行为之骄傲的佼佼者嘛，非阁下莫属哇！"

在宾主还未结束相互恭维寒暄的谈话时，内室又传来说话声。

"去问问你的老爷，何时动身？"

"今天来得真不巧，正赶上您要外出旅行，我就不打搅了！"客人很识趣地起身告辞。

"是呀，真是不巧！"主人也并无留客之意，也站起身来，多少带点歉意地说，"我本想带您参观一下我的实验室，同时，我还想同您探讨一些化学问题，可是，很遗憾……"

"是呀，很遗憾，我是专程来向您请教的。"客人给主人一个下台阶，以安慰的口吻说，"不过，来日方长嘛，咱们会后有期。"

两位19世纪末期欧洲最伟大的化学家，就这样匆匆相见又匆匆分手，这在科学史上留下了一件令人猜疑的憾事。

有的化学史家对贝采里乌斯在戴维家所遭受的怠慢做如下的解释：

戴维是靠顽强的工作和自学而达到荣誉之巅的。但是，他却缺乏深刻的理论知识。尽管如此，他认识到，贝采里乌斯的电化学理论是十分令人信服的。戴维感到，这位瑞典科学家具有深刻而敏锐的智慧、良好的理论素养，对于这些，他是大为嫉妒的。

　　笔者认为，如果戴维对贝采里乌斯的接待不够热情这件事，用戴维对贝采里乌斯心存妒意来解释，似乎与戴维的高尚人格不相符；如果用两者气质和业余兴趣不相投，来解释那件事发生的原因，可能更合乎逻辑。因为戴维在评价贝采里乌斯时，曾说："贝采里乌斯不愧是一位与舍勒同一祖国，并驾齐驱的人物。他是我们这一时代的科学成就的象征，是一位不屈不挠的勤奋学者，一位极其精细的实验家。能够具有像他这样贡献的人现在还找不出来。但是他的举止略显粗野，风度不够优雅。他的话题比较窄，对于自己话题以外的事物都不大关心。"

　　其实，仅以他们两人风度气质和谈话兴趣的差异，来解释那次令人遗憾的会见，也可能是靠不住的。因为那件事发生在戴维正准备外出度蜜月旅行之时，当时那种紧迫的情况以及他的夫人从中作梗，也可能是造成这个遗憾事件的真正原因。

　　但是，不管什么原因，两位志同道合的伟人，如此相见又如此分别，是让后人感到心寒的事。如果看一看，贝采里乌斯对戴维的尊崇和景仰的言论，上述情绪会有增无减。贝采里乌斯在评价戴维时说：

"只有对戴维这样的人才配说成是天才。他有着清晰的头脑，敏锐的思维，而且不受成见和定论的束缚，对任何困难都不屈服，是一个能够开创新道路的人。

但是对于坚持追逐大自然的微末细节的规律性，去寻根问底这一点，我比他强。而前一点他比我强。所以，我没有理由不尊敬戴维。

戴维的伟大发现却是震惊世界的发现。这是由于他具有着深刻的洞察力和贯彻始终的铁石般的毅力。"

如此透彻地了解并真诚地敬佩戴维的，与之齐名的另一个伟大化学家雅科布·贝采里乌斯，竟在他心仪已久热情造访的戴维家里受到冷遇，这不能不说，是化学史上的一件憾事！

誉满巴黎

1818年，雅科布·贝采里乌斯去法国作休养旅游。

在巴黎，他受到了当时法国化学界一号权威贝托雷的隆重欢迎，接待他的礼仪不亚于款待一国的王公。

贝托雷并非等闲之辈，他曾是已故的拉瓦锡的密友，而且还是拿破仑的知己，是一位深受尊敬的老科学家。然而，他在学术观点上曾有过重大的失误。由于他坚决地反对普罗斯特的组成定律，致使两位同时代的法国化学家展开了旷日持久的争论。

普罗斯特认为，当一种物质同其他任何物质发生反应时，彼此的重量比总保持一定，从而反应所生成的物质组成也总保持一定。而贝托雷认为，未必如此，物质并无一定的组成，而且因其制造方法的不同而发生种种变化，普罗斯特定律只是在特殊的情况下才适用的。

这场引起了学术界极大关注的论战，从1801年开始，一直持续了8年之久。在此期间，无论是批评还是反驳，都是与人为善，和风细雨，即旗帜鲜明地维护真理，又不失学者的风度。这同哲学界的那种雄狮般搏斗式的争辩，只及一点不顾其余的无情批判以及激烈斗争式的人身攻击，恰成鲜明的对比。这场光明正大的君子之战，被后人传为佳话。

最后，由于贝托雷的立论是建立在错误分析结果的基础上，以致在判别化合物和混合物时出现了重大的失误，混淆了两者的界线；而普罗斯特终于获得了8年论战的最后胜利。值得赞许的是，贝托雷虽然在这场世人普遍关注的辩论中败北，他并没失去勇于服从真理的君子风度，在普罗斯特身陷困境时他鼎力相助，进一步表现出他高尚的人格和坦荡的胸怀。

普罗斯特虽然是法国的化学家，但曾经被西班牙国王招聘为萨拉蒙卡和马德里大学的教授，并主办过矿物研究所等，受到了西班牙国王的热心支持。但是，由于法国和西班牙发生了战争，普罗斯特的实验室被法占领军所破坏。在战后，拿破仑皇帝听从了贝托雷的劝告，对他的损失进行了赔偿。从这件事可以看得出贝托雷人格的高尚。

英国著名化学家戴维访问法国时曾会见过贝托雷，他给戴维的印象是："贝托雷确是一个给人以好感的人。他虽然受到了拿破仑的信任，但是并没有一点架子，亲切、有礼、喜欢听取别人的意见……"

正是这位德高望重的法国化学界的老前辈贝托雷，在他庄园里以王公的礼仪接待了雅科布·贝采里乌斯。那天，在庄园洁净肃穆的大厅里，聚集着法国最优秀的科学家们。其中有：多米尼克·弗朗索瓦·让·阿拉果、让·巴蒂斯特·比奥、皮埃尔·路易·杜隆、米歇尔·欧仁·舍夫勒尔、乔治·居维叶、皮埃尔·西蒙·拉普拉斯、路易·雅克、泰纳、约瑟夫·路易·盖吕萨克、路易·尼古拉·沃克兰、安德烈·马里·安培以及德国自然科学家亚历山大·洪堡德。

雅科布·贝采里乌斯为法国科学家们作了电化学理论方面的报告，引起了听众们的极大兴趣。他发现，法国的听众们对他的电化学理论几乎一无所知，因此，他的报告尽量作得翔实、透彻，并不厌其烦地回答听众们感兴趣的问题，还专门写了一篇法文稿件，向法国学术界介绍他的电化学理论。

在巴黎，贝采里乌斯在一片友好的气氛中，与法国同行进行了广泛的学术交流。他参观晶体理论专家阿玉伊的实验室和矿物收藏室。那里珍藏着自然界最瑰丽的矿物结晶和最珍稀的天然宝石。好客的法国人阿玉伊竟把几块稀有的晶簇赠给北方来的贵宾。

贝采里乌斯还旁听了盖·吕萨克的课，使他受益匪浅。这位法国化学家讲起课来口若悬河，具有惊人的魅力，他把复杂的问题讲得那么通俗易懂，那么生动有趣，听他的课不仅是知识的获取，而且也是艺术的享受和哲学的启迪。

盖·吕萨克也是贝采里乌斯心仪已久，尊崇备至的有声望的法国化学家之一。他与英国著名化学家戴维同龄，比贝采里乌斯长一岁。也许是同时代又同行的缘故吧，他们一见面就产生相识恨晚的兄弟情谊。

盖·吕萨克于1778年12月6日出生在法国维埃纳省的圣利奥纳家，1797年进入巴黎工业大学学习。1800年毕业后做著名化学家贝托雷的助手。1805—1806年，他随德国著名自然科学家洪堡德访问了欧洲许多国家。回国后被聘为巴黎工业学校教授。1808—1832年任索帮内大学物理学教授。从1832年开始，他担任植物园的化学教授，直到1850年5月9日逝世。

盖·吕萨克一生对科学做出很大的贡献。其中，最引人注目的是发现了使他名扬后世的盖·吕萨克定律。这个定律使气体的体积与温度的关系定量化：即一定质量的气体，其体积与绝对温度成正比。

1808年，盖·吕萨克又发现了气体反应体积简比定律。这个定律指出，在恒温恒压下，气体互相间以简单体积比进行反应，并且生成的任何气体均与反应气体的体积成简单整数比。这就是盖·吕萨克的第一定律。这一定律的发现，为分子学说的产生奠定基础。

盖·吕萨克为科学事业勇于献身的精神，在学术界素有很好的口碑。1804年，盖·吕萨克曾进行了两次高空科学探险。第一次是在8月下旬，他和物理学家比奥同乘热气球上升到4000米的高空；第二次是在9月下旬，他独自一人上升到7000米的高空。这是当时热气球探险所达到的最高纪录。这次探险的结果表明，上升越高，气压和温度就越低。他还证实，在所达到的高度上，地球的磁力仍在起作用。此外，还收集了高空的空气，经分析表明，其组成与地面上的空气组成并无二致。由于两次高空探险的勇敢行为，使他博得了"科学界勇士"的美誉。

　　盖·吕萨克一生涉足的研究领域很多，在各个领域里都留下了杰出的研究成果。在元素无机化学方面，1808年发现了元素硼，1813年与英国化学家戴维同时发现元素碘，1808年最早用化学方法大量制取碱金属钾和钠；在无机物制备及其性质研究方面，1808年制出了氧化钠、过氧化钾并研究了磷酸和铁氧化合物，1810年制出了过氧化钡，1813年制得了氢碘酸、碘酸，1814年制得了氯酸，1816年他区别了两种氮的氧化物，1819年研究了硫代硫酸、连二硫酸、三氯化磷；在有机化学方面，1815年他发现了氰，1829年首次实现了淀粉向糖的转化；在分析化学方面，1809年研究了硫化物测定法，1810年采用氧化铜法分析有机物，1832年首创定法，1835年最早使用氧化还原定法；在化学工业方面，1827年他设计出吸硝塔（被后人称为盖·吕萨克塔），1821年他发现经硼砂处理后的木材的不可燃性，1829年他确立了用碱从锯末中提取草酸的工业流程；在化学研究新方向探索方面，1814、1832年他对同分异构现象进行了开创性的论述，1814年他最早地观察了钾明矾在氨明矾溶液中生长的同晶现象，他对糖中氢、氧的比例进行测定，从而开辟了研究碳水化合物的新方向。

盖·吕萨克不仅是科研领域的一位业绩卓著的化学大师，同时也是以自己的学识积极地为民众造福的社会活动家。他既是一个勇于开创、锐意革新的探索者，同时又是一位稳健而踏实的实践家。

盖·吕萨克的成功与他谦虚好学、同科学界进行广泛交流有密切相关。学术交流活动，使他视野开阔，信息灵通，能把握科学发展的最新动向，能站在科学发展的最前沿，进行高效率的探索性研究。

恰恰在这一点，他与雅科布·贝采里乌斯不谋而合，也是这两位化学家能够坦诚地进行学术交流的一个重要原因。

雅科布·贝采里乌斯除了以他的电化学理论在法国学术界产生了轰动效应外，法国人还对他测定元素原子量工作抱有极大兴趣。其中，有两位科学家的研究工作与贝采里乌斯的原子量测定工作十分接近。他们就是皮埃尔·路易·杜隆和阿列克西斯·德莱斯·柏蒂。

杜隆最初以行医为业，后来这位富有同情心的医生，由于屡屡免收贫困者的医药费，致使营业亏损，不得不停业。此后转而研究物理和化学，并担任托雷的助手。曾在一次研制三氯化氮的实验中，因发生爆炸受伤致残。但他为了科学事业，完全把个人安危置之度外，伤愈后又继续投身于实验中。

柏蒂是法国物理学家，他同杜隆一起测定各种固体元素特别是金属元素的比热，结果发现了一条重要定律，即"固体元素的比热和该元素的原子量的乘积是一个常数，此常数称为原子热容。"

贝采里乌斯得知杜隆和柏蒂的研究工作与原子测定密切相关，便主动地拜访了杜隆先生。

杜隆先生30刚出头，仪表堂堂、温文尔雅，戴一副深黑色的墨镜，行动有些迟缓，不时地用文明棍子点地。

他在书房里接见了贝采里乌斯。宾主的谈话，是从书房中一本法国科学院的刊物开始的，那里边刊登着杜隆、柏蒂的元素原子热容方面的文章，这引起了客人的极大兴趣。

"你们的发现非常重要，"贝采里乌斯说，"可以用来测定原子量哇。"

"那么，用什么方法呢？"

"在一个化合物中，某个元素的原子数目是无法直接测定的。我们只能利用间接的方法，有时利用纯属主观假设的方式。现在，以你们的发现为基础，我们就有可能更容易，更有把握地确定原子的数目。"

"这是对的，"杜隆说，"需要用元素的原子量乘元素的比热，其乘积应该接近6。"

"杜隆先生，我非常希望马上就能进行这样的计算。可是有些元素的比热还不知道哇，这得通过实验来测定。"

"实验嘛！"杜隆沉默了，好像想起了一件伤心的往事，"贝采里乌斯先生，也许您还不知道，我的一双眼睛完全失明了！"

"是吗？真对不起，我一点儿也不知道。"贝采里乌斯闻听此言感到又惊异又难过。

"8年前，在那场实验事故中……"于是杜隆讲述了8年前在研制三氯化氮时发生的可怕的爆炸情景。在那次爆炸中，他右手的两个手指被炸掉了，一双眼睛也失明了。从此，要想做实验，就一刻也离不开助手了。

"啊，是这样！"贝采里乌斯满怀同情地自言自语。忽然一个想法涌上心头，说道："杜隆先生，让我暂时做你的助手怎么样？"

"我，一个化学界的无名小辈，让一个我一向景仰的驰名欧洲的著名化学家，给我当助手？贝采里乌斯先生，这我怎么敢当呢？"

"助手一词不要也罢，我同您合作总算可以了吧？"贝采里乌斯说，"不过，测比热实验我没搞过，还得在您指导下进行实验工作。"

两位化学家就这样商定了共同合作项目：由贝采里乌斯做测定元素比热的实验，然后和杜隆一起讨论实验结果。经过一段密切合作，两位研究家修正了氢、氮、氧的原子量，使之更臻于准确，并测定了氧气和二氧化碳的密度。

在访问法国期间，贝采里乌斯到处受到隆重欢迎，开展了学术交流与合作，也结交了不少学术界的朋友。

拜会歌德

　　1821年，雅科布·贝采里乌斯到波希米亚的卡儿斯巴德去疗养。这是他终生难忘的一次旅行。因为在这次旅行中他会见了两位化学同行以外的特殊人物：一位是被后人称为铁血宰相的奥地利首相梅特涅。这位仪表堂堂、神态威严的政府首脑，对他的接待还算彬彬有礼，但是礼貌和热情都不超过外交所允许的范畴；另一位是德国著名诗人和作家约翰·沃尔芙冈·歌德，当时他已经是72岁誉满欧洲的文坛巨星了。在来访者的眼里，他尊贵的地位绝非那些政坛上的匆匆来去的政客们所能比拟的。

　　雅科布·贝采里乌斯对歌德的仰慕是基于对他的身

世、学识、经历和业绩的透彻了解。

歌德出生于莱茵河畔法兰克福市的一个富裕家庭里。那是一个门第高贵的家庭，父亲是法学博士，母亲是市长的千金。

青年时代的歌德，曾先后就读于莱比锡和斯特斯堡大学，主攻法律学位，兼学文学、哲学、绘画等，同时对自然科学也有所研究。

大学毕业后，歌德回故乡当律师，并从事文学创作。早年曾写出历史剧《葛兹·封伯里欣根》等作品，1774年发表书信体小说《少年维特之烦恼》，从此一举成名，在欧洲文学的天宇上升起了一颗耀眼的新星。

1775年，歌德在人生之路上面临着一次重大的转折，他接受了魏玛公爵之邀，来到魏玛公国，曾先后做过这个国家的枢密大臣和首相。

歌德从政期间提出了许多改革措施，如整理财务、裁减军备、修筑公路等。由于受到公国保守势力的阻挠和排挤，他的改革措施和政治主张，没能完全如愿地得以实施。于是，他对政务颇感失望，1776年在政界失意的情况下，他隐姓埋名去意大利旅游，遍访了威尼斯、罗马和佛罗伦萨等文化古城，深受当地古典艺术的陶冶。

1788年，歌德回到魏玛公国，从此同政界彻底脱钩，担任公国剧院监督，埋头于科学研究和文艺创作。这个时期的作品，虽然表现了人民反抗压迫者斗争的主题，他也流露出嘲讽革命、害怕群众的消极思想。

1805年，56岁的歌德不顾亲友的劝阻和上流社会人士的抨击，与平民的女儿克丽丝蒂安·维尔皮乌斯正式结婚。他步入暮年时期思想日趋保守，但在文学创作上却取得了辉煌的成就：1829年完成了长篇小说《威廉·麦斯特》，1831年发表了著名诗剧《浮士德》。此外，这个时期还写出了自传性的作品《诗与真》、《意大利游记》、《东方西方的合集》等。

1832年，歌德在完成《浮士德》第二部以后，因患伤寒病逝世，葬于魏玛宫坟。

歌德一生勤奋笔耕，创作成果非常丰硕，发表各种题材和体裁的诗四十余首，六七十种诗剧，长篇小说4部，中短篇小说十余篇，日记15卷，书信49卷，尤其值得人们赞许的是，这位誉满欧洲的文学泰斗，竟然对自然科学有着浓厚的兴趣，他对光、颜色以及化学问题都曾做过深入的研究，发表过独特的见解，出版科学著作13卷。他所以赢得雅科布·贝采里乌斯的景仰，大概是由于下面两个原因：第一，是他的代表作《少年维特之烦恼》，这篇书信小说以其感人的艺术魅力和深邃的哲理，深深地打动了他这位用情专一的学者；其次，歌德对自然科学的爱好，使后者有一种专业领域的同行和知己的亲切感。基于这两种原因，雅科布·贝采里乌斯才远路风尘地专程来拜访他。

这里，应该提及一下曾征服欧洲的广大读者、同样也打动了雅科布的歌德的两部代表作。

《少年维特之烦恼》是歌德的一部分书信体的小说。

这部小说是以十八世纪下半叶德国封建统治时期为背景的。当时，德国国内由30多个君主国组成了日耳曼同盟。这些封建小公国都闭关锁国，愚昧落后，等级森严，封建贵族专横暴虐，宗教僧侣横行霸道，门阀制度猖獗，腐败现象严重。这是德国历史上的一个分裂的、落后的黑暗时期。

这种令人窒息的政治气氛，激起了热血青年的强烈不满，于是在一些思想敏锐的激进文艺青年中，掀起一股冲破封建藩篱、反对腐朽宗教道德的"狂飙突进"运动。年轻的歌德就是这一运动的积极参加者，他向黑暗的旧社会抛出的第一颗炸雷，便是《少年维特之烦恼》。

小说的故事情节是这样的：

主人公维特是个深受资产阶级思想影响的平民少年，他追求自由，向往平等，渴望不受门阀限制的纯真爱情，但是黑暗腐朽社会气氛，陈旧的社会道德和上层社会的种种陋习，像一道道罗网束缚着他，内心感到十分压抑。为了摆脱烦恼的心境，他来到了一座陌生而古朴的小城。他远离闹市的尘嚣，与大自然亲近，顿觉心旷神怡，过着一种安适、幽静的生活。

　　在一次舞会上，维特结识了一位聪明美丽的姑娘夏绿蒂。两个青年人一见钟情，双双坠入情网，怎奈夏绿蒂已名花有主，她与一位贵族家庭出身的青年早有婚约。但是，被炽热的爱情燃烧的两颗心，使他们忘乎所以，频频约会互畅衷曲。为了能经常见到她，维特搬到离她家不远的地方住。可是好景不长，不久，夏绿蒂的未婚夫阿尔贝特从外地归来，她与维特的接触被迫终止，于是他又跌入苦闷的深渊。

　　维特为了个人的出路和生计，四处寻职又屡屡碰壁。后来，他在一个公使馆当秘书，不料他的顶头上司为他设了人间地狱，那个不学无术、嫉贤妒能的家伙，不仅对他冷若冰霜，而且百般刁难和挑剔，他实在无法忍受，只好抛下一纸辞呈怅然离去。

有一次，他竟神差鬼使地涉足于等级社会为他划定的社交禁区，到一位伯爵家吃晚饭，饭后又参加贵族们举行的晚会。在忘情地欢悦的时候，一件他意想不到的事悄然发生了。开始时人们还用审视的目光，偷偷地看着他，窃窃地议论着。继而似乎一切谜底被揭穿，事情明朗化了，众人对他怒目而视，甚至口出不逊。原来贵族们得知他的平民身份，视同异物，不能容忍，为平息"公愤"，主人只好以很客气的语言，请他退席。维特蒙受奇耻大辱，曾动过轻生的念头，想用利刃结束自己可怜的生命。

一年过去了。维特又回到夏绿蒂的身边，在社会底层苦苦挣扎的他，由于屡遭挫折和磨难，青年人热情和朝气丧失大半，变得志气消沉、心灰意懒，然而只有对她的爱有增无减，也只有这种爱还能燃起维系他生命的希望之火。他在绝望中依然与她约会，但很快引起人们的非议和她丈夫的干涉，碍于各方面的压力，夏绿蒂不得不中断与他的一切联系。

事业的失败和爱情的失意，使维特彻底绝望了，终于怀着极其痛苦和悲愤的心情，开枪结束了自己年轻的生命。

《少年维特之烦恼》这篇小说所以能感动雅科布·贝

采里乌斯，是因为他与维特有着相同的出身和一段境遇不佳的经历，尽管他没维特那样的失恋痛苦，但他理解维特的不幸。

《浮士德》是歌德创作的一部著名的诗剧。剧中的主人公浮士德，是中世纪在德国广为流传的民间故事中的人物，相传他是一个通晓天文地理知识渊博的学者，经常同魔鬼打交道。

这魔鬼就是在对待人的问题上，与上帝持有截然不同看法的靡非斯特。上帝认为，人是自强向上，追求光明和真理的。人能纠正自己的错误，迷途知返走上正路，靡非斯特对人抱着轻蔑的悲观态度。他认为，人是一群毫无出息的受利益驱使的可怜虫。他自信可以利用利益驱动的方式，把人引向歧途，走向邪道，坠入魔窟。他与上帝进行一场赌博式的实验，实验的对象便是浮士德。

浮士德博士早就开始厌倦中世纪的书斋生活了。这倒不是他对所有的知识失去了兴趣，而是对那些被奉为金科玉律的僵死的知识失去了兴趣。那些僵死的知识为有识之士构筑了思想的囚笼和精神的炼狱。在这种令人窒息的知识氛围中，浮士德仿佛坠入苦闷的深渊，曾动过自杀之念。

远处传来悠扬的钟声，闷坐在书斋里的浮士德被洪亮的钟声惊醒了，想到这是复活节的钟声，精神为之一振，心灵充满了生机，唤起了热爱生活的激情。

　　他走出书斋，与弟子瓦格纳外出郊游。他们在野外遇上一只摇尾乞怜的黑犬，一直跟随他们回到书斋，然后摇身一变，化为魔鬼靡非斯特。

　　从此，魔鬼正式缠住了他的实验对象，施展魔法，进行他的邪恶实验。而浮士德正式同魔鬼打交道，去探索真理和人生的真谛。

　　浮士德与魔鬼靡非斯特订下了契约：

　　魔鬼做浮士德的仆人，带着他到各处漫游，尽量地满足他的欲望，假如什么时候浮士德感到完全知足、别无他求，只要说一声："且住，你真美呀"，魔鬼即将他的灵魂带走。

　　魔鬼的实验开始了，浮士德探索人生的实验也开始了。靡非斯特带领浮士德云游世界各地。

　　他们首先来到"魔女之厨"。在那里，浮士德喝了迷魂汤，立即返老还童。在大街上漫游时，他们遇到了平民出身的少女玛甘蕾。浮士德与她一见钟情，转瞬间爱得如胶似漆。

于是，一连串的不幸事件接踵而至：他们为了在家中尽情地享受爱情的欢乐，玛甘蕾让母亲服用安眠药死去；接着她哥哥华伦又与浮士德决斗丧生；随后玛甘蕾又因溺死了自己的私生子而被捕入狱。

这一系列的痛苦经历，使坐大牢的玛甘蕾神经错乱、精神失常。这时，靡非斯特和浮士德盗出牢狱的钥匙，要救玛甘蕾出狱，怎奈她宁受上帝的制裁也不肯出狱。眼睁睁地看着心爱的人陷入绝境又不接受外界的营救，浮士德悲痛欲绝……

不久，浮士德又来到风景秀丽的乡间。大自然的景色使他心情欢快，暂且忘却了往昔的苦闷和心灵的创伤，来到皇帝的宫廷，想一展安邦治国的宏图大略。

那是一个腐朽没落的封建王朝，官府横征暴敛，执法者贪赃枉法，权贵们挥霍无度，国库空虚……浮士德借助于魔法，大量发行钞票，暂时缓解了财政危机。

贪得无厌的皇帝想借浮士德的法力，来满足自己一切愿望和私欲，竟提出了要见古希腊著名的美人海伦的荒唐要求，浮士德遵命用魔术使海伦的幻影再现。不过，展现在人们面前的是，海伦在骑士厅与古希腊的英雄帕里斯谈情说爱、寻欢作乐的场面，这场景使浮士德心生妒意，将帕里斯视若情敌，竟用魔匙去触动他。不料，室内轰然一声巨响，发生剧烈爆炸，眼前的一切都消失了，浮士德也昏倒在地……

后来，浮士德的弟子瓦格纳在实验制造出"人造人"何蒙古鲁士，引起了他的极大的兴趣，想借助"人造人"为他创造奇迹。但这个人造的小人不能脱离开曲颈瓶，浮士德只好带着装在曲颈瓶里的小人游历希腊，参加"古典的瓦普几斯之夜"盛会，但曲颈瓶破裂，人造小人化作一道火光踪影不见了，浮士德的愿望再次落空……

但是，浮士德并没有停止自己的追求，他又到古希腊神话世界去寻找美丽的海伦，地狱的女主人让海伦复活与浮士德结婚。浮士德如愿以偿，但并不幸福。他们生一个不争气的儿子欧福良，行为不端，放荡不羁，漫天飞驰，无止境地追逐少女，终因得意忘形飞得太高，坠地毁灭了。美丽的海伦也很快地悄然消失，留给他的只是能永远引起他痛苦怀念的一件衣服……

浮士德屡遭挫折，但他并没灰心，他自信有力量创造惊人的事业。他帮助皇帝平息了国内的战争，皇帝分封他一块领地。他率领民众填海造田，开凿运河，兴建村庄。

浮士德至此才感到，他终于找到了自己人生的位置，领悟出生活的意义，情不自禁地喊道："且住，你真美呀！"魔鬼靡非斯特闻听，欲收去他的灵魂，但天使却抢先一步，把他的灵魂接到天国去了，他的久别恋人玛甘蕾正在天堂迎候着他……

这就是诗剧《浮士德》的故事梗概。该剧通过主人公不断探索人生、追求理想世界的过程，说明人必须摆脱贪婪和愚昧，才能步入理想的王国，表达了作者对人类未来充满了信心。

作为知识分子代表人物浮士德的经历，是很有典型意义的。他不堪忍受书斋生活的苦闷，厌恶封建社会的习俗，不断地探索和追求，体验到爱情悲剧的痛苦，体验到高官厚禄的乏味，体验到魔幻般梦想的幻灭，最后他在和广大群众共同创造新世界的劳动中发现了真正的美，找到了人生理想的归宿。

1821年，当雅科布·贝采里乌斯怀着几分胆怯而又激动的心情，敲响了歌德家客厅雕刻精美的木门时，"来啦！"开门的是一位中年女仆。

"先生，请问您的尊姓大名……"

"我叫雅科布·贝采里乌斯，瑞典人……不知我是否有会见歌德先生的荣幸？"

"先生，他一般上午时间是不会客的，不过……您从瑞典来嘛……您请坐。"女仆指着一个漆木大椅说，"先等一下，我到楼上去向先生通报一声。"

女仆的话刚落音，楼上"吱"的一声，一间房屋的门开了，传来了苍劲的咳嗽声。接着，一位身穿紫红色锦缎睡袍，头戴酱紫色圆顶小帽，趿拉着拖鞋的长者，走下楼来，他边走边问：

"我有幸会见哪位贵客呢？"

雅科布过去看过有关歌德的报道，对他的传闻轶事多少了解一些，知道这种装束正是他在写作中的习惯打扮。于是站起身来迎上前去，深深鞠躬，说道："我叫雅科布·贝采里乌斯，瑞典人，专程来拜会我一向崇敬的大师。"

"啊，啊，您请坐！"在近处，客人才看得清楚，这位年逾古稀的老作家，却那么精力充沛、神情矍铄。

"您正在写作？"客人在找话说。使他多少感到意外的是，主人对"雅科布·贝采里乌斯"这个名字的反应竟是如此平静。若是在科学界一听到这个名字，人们一定会惊呼："噢，您就是大名鼎鼎的贝采里乌斯教授哇！失敬、失敬！"

"是的。"主人点头回答。

"那么，我冒昧地问：是写什么题材的作品呢？"

"《浮士德》第二部。"主人依然简单地回答。

显然，雅科布·贝采里乌斯这位喜欢结交名流的客人，却并未深谙公关技巧，不懂在同陌生人交谈时，如何投其所好，如何避开禁忌。其实，一个作家在被某个写作难点所困扰，写作卡壳时，再提及写作的事儿，好像触及到心病一样，使他（或她）心情感到沉重。雅科布来造访时，主人的写作正处于焦灼状态。

这位老文豪少言寡语，客人不善于开辟有趣的话题，谈话陷入僵局。这时，墙上的挂钟响起了洪亮的打点声，雅科布·贝采里乌斯不由得转过头来，朝挂钟看了一眼，忽然发现挂钟下面沿墙摆放一个长方形的玻璃橱，里边存放着形形色色的矿石。他眼里顿时闪烁着光芒：

"哎哟，您也喜欢收集矿石？"

客人无意中说出的"您也喜欢"两个字，却引起了主人的极大兴趣，老作家眼里也闪烁着兴奋的光彩：

"这么说，您喜欢收集矿石？"

"是的。"客人答道。

"好哇，我正求教无门呢，来，请您鉴赏一下，这是一块什么石头？"歌德兴致勃勃地把客人引到矿石橱前，指着一块暗褐色带黑色蛇纹的矿石道："就是它。"

雅科布·贝采里乌斯仔细地看了一会说道："这是一块很珍奇的矿石，如果允许的话，我可以取下一小块来，分析一下它的主要成分。"

"可以，当然可以喽！"主人慨然应允。

歌德带领客人来到了充满中世纪炼金术士的神秘色彩的化学实验室。

雅科布·贝采里乌斯一见实验里的药品架和烧瓶、曲颈瓶等化学仪器，大为惊奇。以前只听说歌德爱好化学，但没想到，他竟有如此完备的实验室。

客人用了半个上午时间，利用吹管分析法对未知矿石做了定性分析。这其间，主人始终站在客人身边，观赏着他魔术般的实验表演。他渊博的实验知识和娴熟的实验技术，赢得了歌德的好感。

下午，歌德邀客人一起去攀登附近休眠的火山，在归途中两人谈火山成因，他们度过很愉快的一天。

为了答谢主人殷切的款待，雅科布·贝采里乌斯送给歌德一只化学分析用的吹管，并讲授了吹管使用的方法。

名师高徒

  19世纪上半叶，是伟大的化学家贝采里乌斯的创造性学术活动的鼎盛时期，也是他声誉最高、对欧洲青年学者影响力和吸引力最大的时期。许多年轻的研究人员都渴望到贝采里乌斯门下求教或在他的实验室工作，所以，一时间，到这位学者家求师讨教的青年趋之若鹜。而贝采里乌斯也真不负众望，以他广博的知识和深邃的洞察力，把许多年轻人引上了科学大道，有几位名垂化学史册的著名化学家，其学术生涯就是从贝采里乌斯的实验室起步的。在他为数众多的得意高足中，其佼佼者当数米学里和维勒。

  艾哈德·米学里1794年出生于德国奥登堡耶维尔村的

一个贫寒的牧师家庭。他做牧师的父亲，在哲学、语言学和历史学方面的渊博知识，对小艾哈德产生了深刻的影响。每当他父亲讲述那些遥远东方国家的古老故事，讲述异域的生活习俗和宗教信仰，他悠然神往，从小就渴望着能做一次异域旅行，尤其向往那神奇的波斯。

有时他展开幻想的翅膀，在天真的、大胆的想象中，详尽地描绘着巴比伦、伊斯法罕的迷宫般的街景和波斯波利斯的庙宇般的宫廷。这些神奇的幻想，激起了他学习历史和波斯语的欲望。

米学里的叔叔，凭他作为大语言学家的眼力，发现侄儿具有学习语言的天分，便把他在海德堡大学的同事、一位波斯语大师介绍给他。由于这位大师教学有方，艾哈德仅用了两年时间就掌握了波斯语。这离实现他到东方旅行的愿望，只差旅费了。

可是，钱是个大问题，父亲无法为他筹措这笔经费，他得靠自己来解决。为此，他到法国去碰运气，想在法国驻波斯使馆谋个翻译的职务，结果扑了个空又返回德国。后来，他想到学医好找工作，做一名随船的医生，可以达到免费旅行的目的。

于是，米学里开始学医了。学医就必须接触化学，一经与化学接触，他就被这门神奇的学科给迷住了。他特别感兴趣的是结晶过程。他发现，每种物质的结晶都是独具特色的，但是，同一物质的晶体却是完全一样的。这里所包含的奥秘，使米学里着迷的程度不亚于当初学波斯文。

从此，他醉心于结晶学课题，渐渐地把到东方旅行的愿望给淡化了，与此同时，他完全放弃了医学课程。因为他对医生的职业本无多大兴趣，当初学医只不过是为实现去东方旅行愿望的一种手段而已，如今已打消了旅行的念头，自然也就没有必要学习那些兴趣并不大的课程了。

现在米学里像从前学波斯语那样，孜孜不倦地学起化学来了。他仅用两年时间，就掌握了化学基础知识，能够独立进行研究。1818年，他来到柏林大学化学实验室，同另一位年轻化学家亨利·罗兹一起从事实验研究工作。

一天，米学里在阅览室里发现了贝采里乌斯有关磷酸、亚磷酸、砷酸和亚砷酸组成的论文，从此他便开始做验证这篇论文的结论的实验。他的实验结果证实了贝采里乌斯的结论，实验过程把他本人训练成技艺娴熟的实验大师了。

米学里在实验过程中发现一个使他惊喜的现象：组成相似的晶体具有相同的晶形。

"我可能要发现一个新的定律！"米学里想到这儿，又激动又紧张。

他整天在实验室里专心致志地研究晶体，对盐类晶体的结晶数据反复地进行测量，结果发现，砷酸钠晶体和磷酸钠晶体的晶形不仅相似，而且相同。为了确证自己真的发现一条新定律，他按捺住不平静的心绪，来研究天然晶体的晶形。

米学里很快就查明，碳酸盐矿——方解石（冰洲石或碳酸钙）、白云石（碳酸镁——碳酸钙）和菱镁矿（碳酸镁）的晶形相同，这些矿物的化学组成也很近似。此外，一些组成相似的硫酸盐，比如，重晶石矿（硫酸钡矿）、天青石矿（硫酸锶矿）和铅矾矿（硫酸铅矿）均具有相同的晶形。

这时，米学里完全确信，他的确发现了一条自然规律。只要把它确切地表述出来，就会对化学发展产生巨大的影响，但是，他不急于把这一发现发表出去，因为他对已取得的结果并不感到满足。

他继续进行实验，进行新的探索，进行新的验证。于是，一系列新的研究开始了。他的实验台摆满了五颜六色盐类晶体的药瓶子：蓝色的硫酸铜、绿色的硫酸镍、浅绿色的硫酸亚铁、红色的硫酸钴、粉红色的硫酸锰以及无色的硫酸锌和硫酸镁等。

　　米学里经过研究发现，硫酸铜和硫酸锰、硫酸亚铁和硫酸钴、硫酸锌和硫酸镍，具有相同的晶形。他对晶体分析进一步确定，所有晶体的晶形都与一定数量的结晶关，同一晶形的盐结合相同的结晶体，而不同晶形的盐所含结晶的数量也不同。

　　米学里的这项研究工作持续了一年多时间，他取得了翔实的实验数据后，正要埋头写论文的时候，一位意想不到的贵宾造访了。

　　那是一个烈日炎炎的盛夏，米学里正在实验室里整理实验数据。实验室主任林克先生带着满脸激动而兴奋的神色走了进来，他身后是一位衣冠楚楚40岁左右微胖的绅士。

　　"教授先生，我们的实验室很简陋，请随便参观。"

　　"啊，谢谢，很高兴能参观这个设备完善的实验室！"

　　米学里闻听抬起头来，笑容可掬地向客人点点头。

　　"米学里先生，您在这儿，太巧啦！"实验室主任惊喜地喊道："我来给您介绍一下，这位就是贝采里乌斯先生。"

"啊，贝采里乌斯教授！久仰，久仰。"米学里慌忙站起身来，紧紧地握住客人的手。

贝采里乌斯俯下身来，看桌子上的数据和图表。

"这是混合晶体的分析资料，"米学里向客人解释道。"如果把各种形式相同晶形的物质的溶液加以混合，这种溶液便析出混合晶体。它们同纯物质的晶体的晶形相同，并含有等量的结晶水……"

"那么，混合晶体的成分呢？"客人很感兴趣地问。

"混合晶体的成分是不固定的，如果把硫酸铜和硫酸锰溶液混合，所得到的混合晶体的晶形与纯硫酸铜和纯硫酸锰的晶体绝对相同。如果把硫酸锰溶液量增加，那么它在混合晶体中的含量也随增大，或者说，这两种物质之间的比例不定。"

"唔，"贝采里乌斯略显惊讶地说："这是违反定比定律的呀！"

"这倒也是，不过……"米学里很客气地说，"您再看看这些数据。"

贝采里乌斯把数据仔细核对一遍，果然没发现任何差错。于是，以赞叹的口吻说：

"米学里先生，这么说，您发现了一个非常重要的定律，这很了不起，您准备如何给它命名呢？"

米学里耸耸肩，说他还没考虑这一点。

"这可不行啊，米学里先生，您应该给这种新现象起一个恰当的名称。晶体的晶形同……"贝采里乌斯思索着："这'相同'嘛……"

"那么，就叫'同晶现象'怎么样？"米学里以试探口吻说。

"啊，好！"贝采里乌斯赞同道："同晶现象！"

第二天，贝采里乌斯拜会德国阿登施坦部长时，热诚地推荐他新发现的化学界新秀，建议上米学里填补因克拉普罗特教授逝世而造成的柏林大学化学教席的空缺，同时，还建议把他送到斯德哥尔摩，在他的实验室进修一年。

1820年春天，米学里和亨利一起来到斯德哥尔摩，几个月后，古斯塔夫也来了。

紧张的工作开始了。古斯塔夫钻研矿物学，亨利研究化学，米学里兼攻矿物学与化学，他同时还在贝采里乌斯实验室继续研究同晶现象。经过大量研究已证实：在任何情况下，组成相似的盐类均同晶。贝采里乌斯对米学里的研究工作十分满意，并把他的文章推荐给《瑞典科学院学报》发表。

1821年11月，米学里回到柏林，担任柏林大学的兼任教授，同时，还当选为柏林科学院院士。

米学里一生科学成果很丰硕，除了发现同晶现象外，在有机化学领域还有很高的造诣，他发现了苯，并制得了六氯化苯和二苯甲酮等一系列苯的重要衍生物。他著述了《化学教科书》（两卷）和一本普鲁士药典。

米学里是一位把毕生精力献给科学和教育事业的杰出化学家。1894年，为了纪念他100周年诞辰，人们在柏林大学附近建造一座带有米学里雕像的纪念碑。这也是他在化学领域树立的一块永恒的丰碑。

弗里德里希·维勒1800年出生于德国梅因河畔附近的艾夏亥姆一个医生家庭里，从小就热爱大自然，喜欢音乐、绘画和采集矿石。

维勒来到父亲的好友布赫大夫家，在那里发现了能满足他的爱好和兴趣的最理想天地，布赫大夫家一所藏书丰富的图书馆和一间私人化学实验室。

从此以后，维勒经常去拜访布赫家。他们渐渐地成为忘年的朋友。在布赫的引导下，维勒对化学发生了浓厚的兴趣。

维勒读了拉瓦锡、克拉普罗特、贝托雷等人写的化学教科书，又读了柏林、伦敦、斯德哥尔摩等地科学院出版的许多杂志，就这样一年年地不知疲倦地读下去，逐渐地积累了丰富的化学知识。戴维的关于发现两种新金属钾和钠的文章给他留下了深刻的印象，他竟然和妹妹动手制取钾来，先是自制电解池用电解法制，后来又用盖·吕萨克发明的化学法制，终于把金属钾制出来了。在当时的实验条件下，就是对于有经验的化学家来说，也算得上是个高难度的实验了。

时光荏苒，转眼间维勒中学毕业了，他已不再是长着一双招风耳朵的又瘦又高的男孩了，而是一个身材修长的、风度翩翩的青年。

20岁生日那天，亲友们在花园的大橡树下摆了一桌酒席，一家人围坐在桌子旁，热烈地议论着维勒的前途问题。两个月后，他遵从父亲的意愿，进马尔堡大学学医。

他在这所大学里，一面认真地学好医学课程，一面又刻苦地钻研化学。放学后，一回到寓所，就埋并没有于实验。这位大学生把他租用的简陋房间，布置成一个地道的实验室，有时他坐在烧瓶、烧杯和试管架旁边，通宵达旦地做实验。

由于维勒对化学的兴趣与日俱增，1822年秋，他毅然转到海德堡大学，一面在著名生理学家蒂德曼教授指导下学医，一面在著名化学家格头麦林的指导下研究化学。

在这里他得到一个得天独厚的研究条件，他获准进入的格麦林设备完善的实验室。他开始研究氰酸和氰酸盐的性质。从1822年到1823年他发现了两篇研究论文。

不久，蒂德曼推荐他研究有机体尿液中的成分问题，维勒很快就从尿液中提取出无色晶体——尿素，并对它的成分进行了全面地分析。

1823年，维勒顺利地通过了大学毕业考试，获得了外科医学博士学位，但是医学博士的头衔并没使他感到高兴，因为从此他不得不回法兰克福和父亲一起行医，而这并不是他平生最愿意从事的职业。他一想到离开格麦林教授4人及他的实验室，一想到脱离开他所倾心的化学研究事业，他的心就隐隐作痛。

他的化学导师格麦林教授深知他的苦恼，劝他放弃医生职业，专心搞化学研究，并致函给贝采里乌斯，介绍维勒到他的实验室去深造。

正当维勒在人生道路上犹豫不决的时候，一封来自斯德哥尔摩的信，决定了他的命运，贝采里乌斯欢迎他去自己的实验工作。1823年冬，维勒便成为他的第四名来自德国的学生，三年前米学里和罗兹两兄弟曾在他的实验室进修过。

这时的贝采里乌斯正年富力强，不断地做出新的发现。他那渊博的学识和精湛的实验技术，自然使维勒受益匪浅。一年的学习时间很快地度过了，1824年9月，他告别了贝采里乌斯，回到法兰克福。

于是，维勒的房间又成了实验室，他继续研究氰酸及其盐类，他想弄清氰酸的性质并制得它的铵盐。

他把氨水和氰酸混合在一起，经过缓慢地蒸发，制得了无色透明的晶体。按理说，这种晶体应该是"氰酸铵"，但它并不具有一般铵盐的性质。经过进一步分析确证，这种晶体不是"氰酸铵"，而是一种特殊的物质——尿素。

维勒上大学时曾在蒂德曼教授指导下研究过尿素，不过那时研究的尿素是人和动物在生命活动过程中产生的，当时流行一种理论，认为像尿素等有机物，只有在生命活动过程中才能产生出来，而今天他竟在实验室里用纯属于化学反应的方法制取出来了。这意味着什么呢？这不是对

"生命力论"的重大挑战吗？这不是宣布"生命力论"的破产吗？

想到这儿，维勒立即写科学论文，以自己合成尿素为例说明，只要具备必要的条件，有机物就能在实验室里合成出来。这就等于宣判"生命力论"的死刑。

维勒的论文发表后，遭到"生命力论"维护者们的猛烈地抨击。不过，正像一切科学革新家一样，他赢得了越来越多的拥护者，以至"生命力论"终于彻底被推翻，开创了一个崭新的有机化学的新时代。

在维勒多年的研究生涯中，在无机化学和有机化学等方面都有很高的建树，因而驰名全欧。因此，几乎每个科学团体、大学或研究院，都赠给他许多荣誉头衔。但他依然像过去一样，平等待人、虚怀若谷。

在维勒的一生中，一直同两个人保持着最亲密的关系。一个是同辈李比希；另一个是前辈贝采里乌斯。前者与他保持着手足般的朋友之情，后者是父子般的师生之谊。

维勒虽然与贝采里乌斯接触的时间并不算长，但是，在所有受过贝采里乌斯熏陶和教育的年轻化学家中，他是最受老师的喜欢和信任的学生，而维勒对老师的景仰和崇敬，也是终生不渝的。

维勒先生老年时曾发表过当年拜访贝采里乌斯的一段回忆录。当年他经过长时间的陆地和海上旅行之后，于1823年10月末，来到了瑞典首都斯德哥尔摩。一天早晨，维勒终于站在先生门前，略微踌躇一下，以颤抖的手指按响了门铃。

一位衣着整洁、仪表大方的先生，打开了房门，热情地说：

"欢迎、欢迎，正在等候着您呢！"

他们寒暄了一阵后，贝采里乌斯便领着维勒去实验室。这样，盼望已久的能够在名师指导下进行研究的理想终于成为现实，这一切就像作梦一样……

贝采里乌斯的实验室很简陋，维勒在回忆中写道：

"先生首先借给我专用的白金坩埚、天平和洗瓶等。实验室有两间房子已改为生活用房，十分简单朴素。既没有通风窗，也没有炉子、水道和煤气。在一间房里安装了两个实验台，其中一台是先生用的，另一台让我用。墙上没有试剂橱，另外还有水银槽、玻璃细工用的喷灯和装有水槽的下水道等。水槽是为家人冲洗器具用的。另一间房子里设有天平和仪器柜，而是衣橱和床，隔壁是厨房，这里放有小炉子……"

维勒对导师实验室设备的简陋感到十分惊讶，难道这就是举世闻名的伟大化学家的实验室吗？这就是他出了那么多卓越科学成果的实验室？

在贝采里乌斯的指导下，维勒学习了矿物分析法，同时，还继续研究氰酸问题。在实验室工作之余，贝采里乌斯领他到瑞典南方和挪威去旅行；去王宫给王太子讲授化学，让他充当助手……

总之，维勒在欧洲的第一流化学家门下学习，感到非常愉快，在学术上获益良多，在性格上受到了宝贵熏陶。

一年后，在一个浓雾弥漫的秋天早晨，他们师生分手了。此后，他们只会晤过三次。不过两人之间每月都有书信往来，从未间断，维勒一直以孩子对待父母的情谊关怀先生。

若干年后，当维勒病势垂危时，他把一个用纸包着的小盒，交给他的好友柏林大学的霍夫曼手里，说道："请收入我的纪念品，但在离开这里之前请不要打开……"霍夫曼出门后，坐在马车里打开小盒一看，里边装着一支陈旧的白金匙，外面缠着一张纸条，写着："贝采里乌斯先生赠，生前最爱的白金匙。"

北方之星

    精力旺盛、充满奋斗精神的雅科布·贝采里乌斯，在1834年面临着他意想不到的生命转折期。

    那年盛夏，斯德哥尔摩发生了流行性霍乱，贝采里乌斯被推选为防疫委员会的会长。由于工作的劳累，加以整天都同死人等悲伤事件接触，精神也受到很大的刺激，很快就把他折磨得疲惫不堪、心力交瘁，他一下子苍老了许多。特别是他还患有神经痛和消化不良等疾病，竟使他对科学研究也失去了兴致。

    他本人也对自己的突然变化感到惊讶。这时，他隐约感到需要有个家庭了。过去许多亲友都劝过他，说人到晚年时仍孤独一人，会对生活失去乐趣的，心情会变得消沉低落的。但是，当时他正一个心思地搞科学研究，这些话他根本没有听进去。现在，在他心灰意懒的时候，倒觉得朋友们的忠告真有几分道理了。他征求几位朋友的意见，大家都认为，现在成家也为时不晚，鼓励他早日开始幸福的家庭生活。

于是贝采里乌斯下定了决心，要建立一个家庭。但是，跟谁结婚呢？他一生中最熟悉的一个女人，就是他的实验助手安娜·布朗克。这个蓝眼睛淡黄色头发的漂亮女人，从1817年起，就做他的实验助手。她不仅在科研事业上帮助他，而且还是他十分投机的交谈者。她十分善解人意，用她女性所特有的温柔和娓娓动听的话语，为他排忧解难，帮助他度过繁重而紧张的工作之余的孤寂时间。她对科学的爱好以及工作中的专心，也颇得贝采里乌斯的赏识。由于安娜的努力，实验室总是一尘不染，井然有序。她一直默默地爱着贝采里乌斯。但是，长期对婚恋毫无兴趣的贝采里乌斯，一直把她当做好助手来看待，仅此而已，因此，这个温柔典雅的女人对这位科学家的爱情始终是单相思的。

因此，当贝采里乌斯决心要成家时，便舍近求远地拜访了波比乌斯家，向那家的长女求了婚。当即订了婚约，于1835年12月完婚，此时的新郎已56岁。这一年，贝采里乌斯双喜临门：除了喜结良缘外，还获得了瑞典国王授予他男爵称号的荣誉。此后，他作为这个幸福家庭的男主人，又度过了13年平静而安适的晚年生活，于1848年8月7日逝世。

在雅科布·贝采里乌斯度过的69年潜心化学研究的一生中，无论成果的数量还是深度，都是同一时代化学家所难以比拟的。关于这个问题，只要我们粗略地浏览一下他的科学发明和发现的年谱，便可清晰地发现他在化学研究领域驰骋的闪光足迹。

电流的化学作用	1802
铈的氧化物的发现	1803
化合定律的实验确证	1807—1812
酒精灯的发明	1808
化学教科书的出版	1808
化学命名法的发现	1811
锑化合物的合成	1812
二硫化碳的研制	1813
原子量表的发表	1814

有机化合物的元素分析　　　　1814

有机化合物的定比定律　　　　1814

电化学的二元论的提出　　　　1814

化学符号和化学方程式的确定　1814

根据化学组成对矿物的分类　　1815

原子量的测定　　　　　　　　1817

硒的发现　　　　　　　　　　1817

水的组成的确定　　　　　　　1820

吹管分析法的发明　　　　　　1820

《物理和化学发展年报》的编辑出版

　　　　　　　　　　　　　1821—1848

矿泉分析　　　　　　　　　　1822

单质硅的分离　　　　　　　　1823

用氟化氢进行矿物分析　　　　1823

单质锆的分离　　　　　　　　1824

钽　　　　　　　　　　　　　1824

单质钛的分离　　　　　　　　1825

钍　　　　　　　　　　　　　1828

铂和铂的化合物的研究　　　　1828

同分异构理论的提出　　　　　1830

钒　　　　　　　　　　　　1831

碲化合物的研究　　　　　　1832

催化理论的提出　　　　　　1835

同素异性体的发现　　　　　1841

　　把贝采里乌斯的上述科学成果略加分类，便可发现他在下列化学领域里都做出了杰出的贡献：

　　分析化学领域。他细致而准确地分析了许多化合物，并确定了它们的组成，同时，建立了诸如用氟化氢分析矿物的方法。

　　理论化学领域。他验证和发表了原子学说，研究了物质的化学结构理论，提出了著名的贝采里乌斯的二元论，把电学引进了化学。

　　无机化学领域。他研究、发现并分离了一系列的化学元素及其化合物，比如，他发现了钍、铈和硒，还把硅、锆、钛等分离为单质。

　　有机化学领域。他提出了同分异构理论和催化理论，发现了同素异性体。

　　化学教育领域。他著述了数卷化学教科书，这些著作作为化学的经典教材的样板而受到后人的普遍重视；他首创了化学符号和化学方程式的书写方法，为后世创造并规范了化学语言；作为伟大的化学教育家，贝采里乌斯的实验室，曾一度成为青年化学家向往的圣地，他为国外培养了诸如米学里、维勒等著名化学家，他是当时青年化学家最尊崇的导师，他普及化学教育，恩泽西方，桃李满天下。

总而言之，作为一个化学家，在69年的生命旅程中，在如此众多领域做出如此杰出的贡献是十分罕见。当人们翻开任何一部化学史书，便会立即发现雅科布·贝采里乌斯这个名字。这个名字犹如闪烁在遥远北方天际的明星，令人爱戴和敬仰。

世界五千年科技故事丛书

01. 科学精神光照千秋 ：古希腊科学家的故事
02. 中国领先世界的科技成就
03. 两刃利剑 ：原子能研究的故事
04. 蓝天、碧水、绿地 ：地球环保的故事
05. 遨游太空 ：人类探索太空的故事
06. 现代理论物理大师 ：尼尔斯·玻尔的故事
07. 中国数学史上最光辉的篇章 ：李冶、秦九韶、杨辉、朱世杰的故事
08. 中国近代民族化学工业的拓荒者 ：侯德榜的故事
09. 中国的狄德罗 ：宋应星的故事
10. 真理在烈火中闪光 ：布鲁诺的故事
11. 圆周率计算接力赛 ：祖冲之的故事
12. 宇宙的中心在哪里 ：托勒密与哥白尼的故事
13. 陨落的科学巨星 ：钱三强的故事
14. 魂系中华赤子心 ：钱学森的故事
15. 硝烟弥漫的诗情 ：诺贝尔的故事
16. 现代科学的最高奖赏 ：诺贝尔奖的故事
17. 席卷全球的世纪波 ：计算机研究发展的故事
18. 科学的迷雾 ：外星人与飞碟的故事
19. 中国桥魂 ：茅以升的故事
20. 中国铁路之父 ：詹天佑的故事
21. 智慧之光 ：中国古代四大发明的故事
22. 近代地学及奠基人 ：莱伊尔的故事
23. 中国近代地质学的奠基人 ：翁文灏和丁文江的故事
24. 地质之光 ：李四光的故事
25. 环球航行第一人 ：麦哲伦的故事
26. 洲际航行第一人 ：郑和的故事
27. 魂系祖国好河山 ：徐霞客的故事
28. 鼠疫斗士 ：伍连德的故事
29. 大胆革新的元代医学家 ：朱丹溪的故事
30. 博采众长自成一家 ：叶天士的故事
31. 中国博物学的无冕之王 ：李时珍的故事
32. 华夏神医 ：扁鹊的故事
33. 中华医圣 ：张仲景的故事
34. 圣手能医 ：华佗的故事
35. 原子弹之父 ：罗伯特·奥本海默
36. 奔向极地 ：南北极考察的故事
37. 分子构造的世界 ：高分子发现的故事
38. 点燃化学革命之火 ：氧气发现的故事
39. 窥视宇宙万物的奥秘 ：望远镜、显微镜的故事
40. 征程万里百折不挠 ：玄奘的故事
41. 彗星揭秘第一人 ：哈雷的故事
42. 海陆空的飞跃 ：火车、轮船、汽车、飞机发明的故事
43. 过渡时代的奇人 ：徐寿的故事

44. 果蝇身上的奥秘 ：摩尔根的故事

45. 诺贝尔奖坛上的华裔科学家 ：杨振宁与李政道的故事

46. 氢弹之父—贝采里乌斯

47. 生命，如夏花之绚烂 ：奥斯特瓦尔德的故事

48. 铃声与狗的进食实验 ：巴甫洛夫的故事

49. 镭的母亲 ：居里夫人的故事

50. 科学史上的惨痛教训 ：瓦维洛夫的故事

51. 门铃又响了 ：无线电发明的故事

52. 现代中国科学事业的拓荒者 ：卢嘉锡的故事

53. 天涯海角一点通 ：电报和电话发明的故事

54. 独领风骚数十年 ：李比希的故事

55. 东西方文化的产儿 ：汤川秀树的故事

56. 大自然的改造者 ：米秋林的故事

57. 东方魔稻 ：袁隆平的故事

58. 中国近代气象学的奠基人 ：竺可桢的故事

59. 在沙漠上结出的果实 ：法布尔的故事

60. 宰相科学家 ：徐光启的故事

61. 疫影擒魔 ：科赫的故事

62. 遗传学之父 ：孟德尔的故事

63. 一贫如洗的科学家 ：拉马克的故事

64. 血液循环的发现者 ：哈维的故事

65. 揭开传染病神秘面纱的人 ：巴斯德的故事

66. 制服怒水泽千秋 ：李冰的故事

67. 星云学说的主人 ：康德和拉普拉斯的故事

68. 星辉月映探苍穹 ：第谷和开普勒的故事

69. 实验科学的奠基人 ：伽利略的故事

70. 世界发明之王 ：爱迪生的故事

71. 生物学革命大师 ：达尔文的故事

72. 禹迹茫茫 ：中国历代治水的故事

73. 数学发展的世纪之桥 ：希尔伯特的故事

74. 他架起代数与几何的桥梁 ：笛卡尔的故事

75. 梦溪园中的科学老人 ：沈括的故事

76. 窥天地之奥 ：张衡的故事

77. 控制论之父 ：诺伯特·维纳的故事

78. 开风气之先的科学大师 ：莱布尼茨的故事

79. 近代科学的奠基人 ：罗伯特·波义尔的故事

80. 走进化学的迷宫 ：门捷列夫的故事

81. 学究天人 ：郭守敬的故事

82. 攫雷电于九天 ：富兰克林的故事

83. 华罗庚的故事

84. 独得六项世界第一的科学家 ：苏颂的故事

85. 传播中国古代科学文明的使者 ：李约瑟的故事

86. 阿波罗计划 ：人类探索月球的故事

87. 一位身披袈裟的科学家 ：僧一行的故事